知らなきゃ損！建てる前に必ず読む本

現場社長がついに㊙本音を大公開！

オーガニックで豊かな暮らしの
家づくり推進協議会会長
仁藤 衛
Mamoru Nito

知道出版

今、注目の“オーガニックハウス”

フランク・ロイド・ライトが提唱する自然と調和するデザインと永く住み継がれる安全性を備えたオーガニックハウスが、じつは低コストで建てられるとしたら――詳しくは本書で！

オーガニックハウスは、最先端のテクノロジーを備え、人と環境に適合する家づくりをコンセプトとするが、そのデザイン性にも注目が集まる。

日本の帝国ホテル・ライト館の設計者が唱えた " 有機的建築 " の結晶であるオーガニックハウスについては、本書で詳しく紹介。

3章114頁・オーガニックハウスのエッセンスを取り入れた家づくりでは、最新の技術を用いながらも自然を生かした空間づくりが特徴。

3章118頁・アースカラーとは、周りの環境に溶け込む色と形で、住む人だけでなく、周りの人たちの心も豊かにしてくれる。

3章120頁・窓にこだわることで「内から外、外から内」（部屋と庭）の空間の一体感が〝有機的建築〟というコンセプトを完成させている。

3章122頁・低い天井でも窓の建具を上まで強調することにより、部屋の空間が広く感じられる。

3章125頁・人が寝室に求めるものとは何かを考え、あまり部屋を大きくせず、天井が低いことで安心感が得られ、くつろげる空間をつくりだす。

3章128頁・吹き抜けの開放感とコの字型の奥に設置されたソファーのコントラスト。ソファーの隅に座ると妙な居心地の良さが感じられる。

上3章131頁、自然光と室内照明を組み合わせた空間に集まった家族には、自然と落ち着きが生まれる。下3章133頁・オーガニックハウスの空間づくりには間接照明が効果的に使われている。備え付けのオリジナル家具で仕切られたやさしい空間。

はじめに

新築してわずか1年たらずで「家を建て直したい」という家族が多い――悲しいかな、そんな現実があります。

さて、それは一体……。

私は、36年もの間、現場監督として1000棟あまりの戸建の家や大きな建造物の建築工程を注意深く観てきました。

そして今では、その経験をもとに静岡県を拠点として家や建物をつくる仕事をしています。ですから、家づくりについていろいろと聞かれることも多いのですが、時々こんなことを相談されるのです。

「私たちの家づくりは間違っていたみたい。できることなら、今からでも建て替えたいくらいです」

よくよくお話を聞いてみると、注文住宅を建ててからまだ1、2年くらいの方なのです。お家に遊びに来てくれる友人たちはみな、デザインの素晴らしさを褒めてくださるそうですから、きっと素敵な家なのでしょう。ですが、ご本人はたいへん後悔されているのです。

「見栄えの良さと住み心地の良さは、別物なんですね」

生涯に一度か二度あるかどうかの家づくりなのに、なんとも悲しい現実です。

この方の本音をさらにズバッと表現するならば、

「折角、大金をかけてつくった家なのに、わずか数年で後悔なんて情けない！」という嘆息が聞こえてきそうです。

かく言う私も、じつは人のことを言えないのです。お恥ずかしい限りですが、家を建てるプロである私自身も、「我が家の家づくりは失敗だったかな」と思っているのです。

私が家を建てたのは30歳の時。まだ若かったので、先々の家族構成のことまでは、考えていませんでした。今思えば、流行りを優先していたのが間違いだったかもしれません。部屋は広く数も多いのですが、逆につながり感の薄い家になってしまいました。

その当時はそれなりに格好いい家だったと思うのですが、20年以上経った今では、妻も私も、日々「ちょっと使い勝手が悪いなぁ」「居心地がイマイチだな」と感じているのです。

まだプロとして経験の浅かった私ではありましたが、なんともお恥ずかしい話です。

こんな自分の経験があったからこそ、あなたにお話したいことがあるのです。

二度と同じ過ちは……

私はこれまで大小さまざまな家づくりに関わって来ました。私の人生は、表現を変えれば、たくさんの家族の笑顔を見てきたこと、そして、家をつくるときに、多くの人が陥りがちな〝落とし穴〟をたくさん見てきた人生でもあります。


あなたが、家を手に入れようと思い、いろいろ情報を集め出すと、必ず、住宅メーカー側からの、

「これを売りたい」

「付加価値をつけて高く売りたい」

という思惑を押し付けられるでしょう。

建築士側は、

「どうです。これが格好いいでしょう」

といった自己満足の方が優先されることに気づかされます。

そして、多くの人たちは、見た目の豪華さやそのときの流行に目を奪われてしまいます。耳障りの良い営業トークにまんまとハマってしまい、必要のない過剰な機能を付けたり、市場価値以上の高額な家を買うなどといった、とてももったいない家づくりをしてしまうのです。それが現実なのです。


「こんなことではいけない！」

「同じ家をつくるのならば、いつまでも笑顔でいられる家をつくりたい」

「人に損をさせてまで会社なんて経営したくない！」

「真剣に家を欲しがっている人のために何かしたい！　今の業界の現状をなんとかしたい……」


同じ建築を仕事とする私が、強く強く思うことです。

満足する家とは……

一生涯満足し続けることのできる家づくりとは、どうやって実現すればいいのでしょうか。答えは意外と簡単なのです。


そのキーワードは、お医者さんを選ぶように、真剣に、あなたにとって最高の家づくりを手伝ってくれるプロを見つけることです。そして信頼できるプロを見つけたら、その人と古い友人のように腹を割って話をすること、納得のいくまで対話を重ねることが大切です。

では、そのプロを見分けるためには、どういう点に注意すればいいのでしょうか？

私が信頼できると思う家づくりのプロはこんな人です。

- **本当に欲しい家について親身になって一緒に考えてくれる人は当たり前！自身も実際に一戸建ての家を建てたことのある人。**
- **プロ目線からお客さま自身も気がついていないニーズを汲み取り、メリットやデメリットを指摘してくれる人。**
- **対話を重ねた中で、10年、20年先まで考えて、その家族にとって何が一番大切なポイン**

トなのかを見極め、本当に必要なことを客観的に提示してくれる人。

・ときにはプロとして正直に厳しいアドバイスをしてくれる人。

・住まう家族に本当の意味での満足、それはそのときだけではなく、長い人生を過ごす家だからこそ、時を経ても「この家に住んでよかった」と思える家を提案してくれる人。

たとえば、生産者であるつくり手が、直接売買すれば、買う側にとっては安心感が増すでしょう。それと同じように、当たり前の話ですが、家も、実際にプロであるつくり手と直接話合い、そのプロから直に買うことができれば、その方がより良いに決まっています。

では、プロとはどんな人なのか？　一級建築士だからいいのかといえば、そうではありません。棟梁だから必ずいいのか、といえばそうとも限りません。

プロとは、やはり現場から生まれます。

「住まいは大地につくり、風に逆らい建てる」もの。けっして机上の空論でできあがるものではありません。本当のプロと言えるのは、さまざまな家を見てきた知識と、さまざまな条件で数多くの建物を建ててきた経験を持った人です。そこが肝心なのです。

あなたの望む家づくりを、このようなプロに頼めば、まず間違いはありません。

私の願い

「幸せ」は、人それぞれの価値観によって違いますが、家を建ててからも、ずっと笑顔でいられる家族が増えれば、それが「幸せになる人が増える」ということではないでしょうか。

「悔いのない、一生満足できる家づくりをしてほしい」というのが私の思いです。そのために、私は、自分が今持っているすべての経験を「家づくりのノウハウ」という形にして本にまとめ、多くの人に参考にしてもらいたいと考え、この本を書くことにしたのです。

この本には、設計をする一級建築士の立場と、建築現場の監督としての豊富な経験を積んできた立場から、家を建てる前にぜひとも知っておいてもらいたい大切なポイントと、「損をしない家づくり」のためのヒントがたくさん書いてあります。

「家を建てるときって、こんな考え方をするのか……」
「こういう発想はなかった」
「住宅建築には、そんなカラクリがあったんだ」など、家づくりにおいて、目から鱗の情報をたくさんお伝えします。

「家づくりで損をしたくない」「キラリと光るセンスを出したい」「やっぱり家を建てて、幸せになりたい」という人は、まずは読み進めてみてください。

「いや、自分はすでにいろいろ勉強してきたし、大丈夫。このままでいい」という人は、残念ですがこれ以上読まなくてもかまいません。

本書は、建築業界の裏の裏まで包み隠さず素直に書いた本です。折角、読んでもらえるのならば、素直な気持ちで読んでもらいたいのです。

読み終わった後に何か心にひっかかりがあれば、なんなりと聞いてください。

私のできる限り、真心を込めてお答えするつもりでおります。

オーガニックで豊かな暮らしの家づくり推進協議会会長

現場主義の一級建築士　仁藤 衛

知らなきゃ損！建てる前に必ず読む本　もくじ

第1章

家づくりの前に考えておくべきことはこれだけある

夢だけで家を建てると後で「失敗した」となる確率が高い

家づくりを考えているあなたなら、おそらく夢と希望で頭の中はいっぱいでしょうね。

「玄関はやっぱり吹き抜けにしたいな」

「キッチンはアイランドスタイルがいいかしら」

「人を呼べるリビングにするには、どんな間取りがいいかな?」

お父さん、お母さん、子どもたち、みんなそれぞれ、新しい家に対して要望がいろいろあることでしょう。

「書斎コーナーが欲しい」

「アイロンとか家事をまとめてできるスペースを、キッチンの隣りにつくりたいわ」

「窓からの眺めがいい部屋を、私の部屋にしてね」

いいですね。家族でどんな家に住みたいか、夢を語り合うのは楽しいものです。

でも、ちょっと待ってください。

家を建てることは、多くの人にとって〝一生に一度の大きな買い物〟です。気に入らないから返品する。住み心地が悪いからまた買い直す。家は普段の買い物のようにはいきません。

たとえば、子ども部屋を、家の中のもっとも日当たりの良い場所につくる方は多いものです。でも、果たしてあなたの子どもは、あと何年その部屋で過ごすでしょうか？まだ、小学生であれば、中学、高校、もしかしたら大学まで10年以上過ごすことになるかもしれません。ところが、すでに高校生であれば、その後、大学進学や就職などでその家を離れ、一人暮らしになる可能性が高いと言えます。すると、ほんの数年で、その部屋はほとんど物置としてのみ機能することになってしまうでしょう。

そう考えると、その後もその家に住み続けるご夫婦の部屋を、もっとも条件の良い部屋にしたほうが賢明ではないですか？

これはほんの一例ですが、今の暮らしがいつまでも続くわけではないということだけは、どなたにも当てはまる事実です。

- **あなたは、何歳までこの家に住むつもりですか?**
- **家族構成は、将来どう変化していくでしょうか?**
- **今、欲しいと思っているものは本当に必要なものですか?**
- **今は必要でも、それはどのくらいの期間必要でしょう?**
- **その家で一番長く暮らす人が、優先するべきことは何でしょう?**

マイホームの夢を見つつも、少し立ち止まって考えてみた方が良いことがたくさんありそうですね。

なぜ、休みのたびに家族でショッピングセンターに行かなければならないの？

せっかく新築の家を建てたのに、なぜか毎週末、家族でクルマに乗って郊外にあるショッピングセンター、たとえばイオンモールや、ららぽーとといった場所に出かけて、一日中過ごすことが多い。そんなファミリーのことを「イオニスト」と呼ぶそうです。

「家族がみんな家にいると、どうも居心地が悪いのよね」とお母さん。
「ねぇねぇ、外に出かけようよ」と子どもたち。

私も、たまたまあるお宅に休日お邪魔したとき、そのような子どもたちに遭遇したことがあります。性能重視で有名な住宅メーカーで建てられた立派なお家だったのですが……。

家族みんなで毎週のように一日中外で過ごせば、出ていくお金も嵩《かさ》みます。

お父さんの「こんなはずじゃなかった……」というぼやきが聞こえてきそうな光景ですよね。

これは、まさに家づくりに失敗した例と言えるのではないでしょうか?

家族全員が、一緒に、またはそれぞれが自分のやりたいことをしながら、居心地良く過ごすことのできる空間を、家の中にうまくつくれなかったことが要因かもしれません。

とても残念な話ですが、このような家族は、日本中にたくさん存在するようです。


さて、家を建てると決めたら、多くの人はまずはじめに、住宅展示場(モデルハウス)を訪れることになるでしょう。そこで、美しい外観、天井の高い部屋、大きな窓、ピカピカの設備や格好いい照明……、居心地の良さそうな贅沢な空間を目の当りにします。

そして、「こんな家で暮らしたい」と心から望んで、提示された中から家を選ぶのです。

このような住宅メーカー側から提案された家づくりは、まだまだ多いと言えます。

しかし、同じ家といっても、住む人や家族によって、どんな空間が居心地が良いのか、使い勝手が良いのか、フィットする条件は千差万別なはずです。

家族構成、人数、年齢、性格、仕事、学校、生活スタイル……。大事にしていること、絶対外せないこと、好きなもの、嫌いなもの……。

そういったさまざまなことを考えて、優先順位を決めて、予算と希望のバランスを取りながら、必要なものを選び、できる限り最大公約数の希望に沿うように建てられた家。それが、家族みんなで、週末も居心地良く一緒に過ごすことのできる家、幸せな家族の家なのだと思うのです。


家族の数だけ〝幸せの形〟もありますよね。あなたや家族にとってはどんな家が良いのか？　それは、そんなに簡単に答えの出ることではありません。

住宅メーカー主導の家づくりには限界があります。たとえば、部屋の間取りや色合い、設備なども、そのときのトレンドが優先されていたりするからです（ちなみに、インテリアのトレンドはどこから来るかというと、ヨーロッパからスタートします。大きな展示会が開催され、デザインの傾向や柄、流行色といったものを知ることができます）。

一生満足できる家を建てるには、やはり、施主であるあなたがしっかりと理想を持つこと。そして、家づくりの知識と技術力の高い信頼できる住宅のプロの力が、どうしても必要不可欠だと私は痛感しています。

最優先すべきことは手に入れたいものを明確にすること

50歳を過ぎて、また家をつくりたいと思う人は多いようです。

それは、ようやく人生全体を考える余裕が出てきた年齢に当たるのかもしれません。子どもたちの将来が見えてきて、おばあちゃんをどうするのか？　長男はどうするのか？と、具体的な問題が見えてきます。

そこで、はたと家づくりの失敗に気がつくのです。個を大事にし過ぎて、部屋同士のつながり感が薄い家をつくってしまうと、家族がなかなか一体感を持てなかったりするのです。必要のない部屋が増え、とはいえ、それをうまく使える空間にできなかったり……。

「もっと、リビングを主体にした家づくりをすれば良かった」という声は、実際に数多く聞かれる声でもあります。

家づくりを考えるとき、もっとも重要なことは、

・どんな家で、家族とどんな暮らしをしていきたいのか？
・長い人生全体のことを考えて、優先するべきことは何か？
・一生をかけて支払うコストがどれくらいになるのか？　それは、自分の生涯収入に見合っているか？

最低限この3点をとことん真剣に検討し、最終的に手に入れたいものを明確にすることです。そこから具体的なことを進めないと、あなたの家づくりは失敗してしまう可能性が高まります。

「それは本当に必要なもの？」

「大事にするべき優先順位は合っている？」

必ずご家族と何度も検討するべきなのです。そこで私は、「ぜひ家族会議をしてください」とお伝えしています。

今のあなたと家族が望むことと、10年後、30年後のあなたと家族が望むことは、おそらくずいぶんと違ってくるのではないでしょうか？

☆家族会議（家族で話し合うべき課題）アジェンダ

あなたが優先させたい項目に○をつけましょう（いくつでも）。

○**土地**―日当り、利便性、通勤、通学、広さ、価格、風通し、地盤、水質、警戒区域、治安、周辺住民のタイプなど

○**間取り**―家事動線、趣味の部屋、リビング、部屋数、寝室、収納、シューズクローク、ロフト、明るさ、吹き抜け、リビング階段、和室、ウォークインクローゼット、子供部屋、お風呂、トイレ、キッチンなど

○**お金**―ローン返済額、建物価格、土地価格、貯金、金利、返済年数、教育費、老後費用など

○**ライフスタイル**―スポーツ、家庭菜園、共働き、二世帯住宅、単身赴任、ペット、ピアノなどの楽器など

○**外観**―和モダン、コンクリート構造、南欧風、北欧風、輸入住宅風、シンプルモダンなど

○**庭**―ウッドデッキ、芝生、家庭菜園、花壇、植栽、アプローチ、駐車スペースドッグラン、門扉、堀、フェンスなど

○**建物の仕様や設備**―オール電化、ガス、灯油、太陽光発電、キッチン、トイレ、ユニットバス、クロス、床材、自然素材、断熱性能、暖房など

○**対災害**―耐震、台風対策など

上記の○からご家族で話し合って、優先事項を３つ程度にしぼりましょう。

優先事項	理由
・（　　　）	（　　　）
・（　　　）	（　　　）
・（　　　）	（　　　）
・（　　　）	（　　　）
・（　　　）	（　　　）

たとえば、土地選びの優先順位を考えてみた場合、あなたのご家族は立地条件で何を優先させるでしょうか？

ひと言で立地条件といっても、日当りを重視するのか、駅に近い方が良いのか、利便性はどうか、買い物に不便はないか、学校・通勤・通学に便利かどうか、病院には近いのか、市役所、出張所はどこにあるか。また、金額はもちろんですが、水質はどうか、周辺の環境は悪くないか、家から見える景色はどうか、広さは？　そして活断層はどこに奔《はし》っているか。そして、近所の住人の年齢層やタイプ……などなど。ご主人の視点から、奥さまの視点から、また、お子さんやおじいさん、おばあさんの視点からと、さまざまな角度から検討しなければなりません。

そして、何より大切なのは、現在の視点だけにこだわるのではなく、10年先、30年先の家族構成、仕事の状況、生活スタイルも想像してみる。少し視点を変えて考えてみると、あなたや家族が本当に家に望む条件が見えてくるのではないかと思います。

病院で診察をしてもらうように家づくりの相談をしてほしい

設計をする建築士の立場もわかり、現場で叩き上げで学んできた施工の経験も豊富にある私が、今思うのは、家づくりの際、診察室で医者と患者とが対話をし、症状に合わせて処方箋が出てくる。そんな関係性を、住宅メーカーとお客さまが構築できるのが理想ではないかということです。

どこか具合が悪くなって、病院に行ったときのことを思い出してみてください。

「胃の調子が悪いんです」「頭痛が酷くて」……あなたはお医者さんに、悩みを伝えますよね。医者はあなたを診察し、症状に合わせて何らかの治療をしたり、薬を処方してくれたりするでしょう。

そして、病院にかかるときは、あちこちの病院を行ったり来たりはしないですよね。セカンドオピニオンはもちろん大切ですけれど、大切な身体のことです。治療費がどうのこうのということよりも、信頼できる主治医をしっかり定めるでしょう。

家づくりも同じなのです。ある程度情報を集めて回ってみたら、「ここにしよう」と住宅メーカーを1社に決めて、担当者を信頼して本音で話合い、深く関わった方が絶対におトクです。


「高台の見晴らしの良い家で暮らしたいんです」

「今、子どもが3人いて、下の子がもうすぐ小学校です」

「貯金と年収はこれくらい。月々の支払いはこれくらいを考えているんですが……」

「いずれ親と同居したいなとも思っていまして」


家を建てるときにも、病院での診察と同じように、あなたの悩みや希望を詳しく相談するといいのです。本当のプロであれば、間取りだけでなくお金のことなど、家づくりに関するあらゆることに的確なアドバイスをしてくれるはずです。さまざまな選択肢を見せ、メリット・デメリットも伝えながら、より良いプランを提示してくれるはずなのです。

少なくとも私は、心を開いてお話をしてくださったお客さまに対しては、できる限りその人に合った、家づくりの〝処方箋〟を出すようにしています。現場のノウハウを知った上で設計を考え、経験に裏付けされた家づくりを一人ひとりに合わせて提案することが、お客さま目線の家づくり、お客さまにとっておトクな家を建てることになると信じているからです。

お客さまが長く住み続け、家族とともに最期まで幸せな生活を送ることのできる家。そして、そんなお客さま主体の家を低コストでつくる。一軒でも多くの、このような家づくりのお手伝いをしたい。そのために、どんな些細なことでもいいので、気になっていることをすべてお話してほしいと私は願っています。

ハウスメーカーに洗脳されてしまうと家づくりは失敗する

先日、こんなお客さまがいらっしゃいました。

家を建てる上で絶対に外せないことがある。それが「第1種換気システムの導入」だと言うのです。

日本では、シックハウスの問題などもあって、24時間換気が義務付けられているんですね。換気方法もいろいろあるのですが、第1種換気というのは、外の空気を家の中に取り込むのと室内の空気を室外へ出すことを、同時に機械でおこなう換気のことです。常時換気扇が回っている状態で熱交換するので、室内の温度を外に逃さないので良い面もあるのですが、いかんせんコストがかかる方法です。

「24時間、エアコンを付けっ放しにする生活をしたいんですか？」

と私が伺ってみると、

「いいえ。リビングからは全開口になる大きな掃き出し窓がほしいですし……」

とのお答えでした。


窓を開けての換気をおこなうのであれば、第1種換気の設備というのは、本来は必要のないものです。私の住んでいる5地域（温暖）では、部分間欠式暖冷房（部屋ごとの複数エアコン）の場合は、熱交換換気の省エネ効果は少ないとされていますが、花粉症がひどくて窓を一切開けたくない時期があるとか、PM2・5が気になるといった方なら全館空調システムも合わせて採用するのも有効かもしれません。


こういった設備を付加していけば、値段はどんどん上がっていきます。今なら50～60万はすぐに飛んでいきます。住宅メーカーとしては、家の値段をなるべく高くして売りたい。高い理由として、このように、本当に必要なものなのかどうか？　私からすると疑問に思うようなものでも、

「うちは、最新の設備を設置しています」

「あるととても便利で良いですよ」

ともっともらしく説明されるケースは多々あるのです。

このお客さまは、「洗濯物を室内で干したときに匂いがつかないから」というくらいの理由しかなかったのですが、結局、第1種換気システムが導入された家を購入されました。

こういった機械は、10年くらいすると全取っ替えしなくてはならないことも多いので、今後も定期的にメンテナンス費用がかかります。私などは、やはり必要なかったのではないのかなぁと考えてしまいます。

さらに言うと、この方は、あちこちを回ってかなり勉強もされていて、最新情報もいろいろご存知でした。そうすると、逆に、本来ご自身の生活にはあまり必要のないようなものでも、自分が調べて知っているものということもあり、

「良いものなんだから」「最新設備がやはり一番良いはず」

と、ハウスメーカーの勧めるものを鵜呑みにしてしまったりするんですね。

ここでお客さまに伝えたいのは、「言葉巧みな営業マントークに騙されないで」ということです。

買いたいものを売っているのではなく、売りたいものを買わされることが多いことを、ぜひ知っておいてください。ハウスメーカーの言葉に洗脳されてしまうと、せっかくの家づくりがあとでがっかり、失敗してしまう可能性が高くなるのです。

お客さまがほしいとおっしゃるものでも、どんな生活を望んでいるのかをしっかりヒアリングしていくと、その方にはじつは必要のないものだったり、逆に、これを付けたほうが、長い目で見てトクといった情報もお伝えできるわけです。良いものは良い、悪いものは悪いと率直にお伝えして、その方にベストな提案をするのがプロだと思います。

ただし、お客さまが聞く耳を持っていなければ、これは逆効果になるので難しいのです。そういう方には、私でも、あまり悪いことは言わないようにしてしまいます。

良いことも悪いことも話をしてくれる信頼できる営業マンなのか、相手を見極めた上で、この人ならと判断したら、「お医者さんと話をするように、素直に何でも聞くといいですよ」と、私は口を酸っぱくしていつも言っています。

目の前の営業マンに「あなたは？」と質問してみる

住宅メーカーの立場から言えば、家づくりで優先するべきことの一つは、もちろんお客様の希望に沿った家をつくることです。言うまでもないことです。

ただし、その前にもっとも大切なことは、お客さまの暮らしを豊かにすることです。そのためには、お客さま自身が「自分の豊かな暮らしとは何か？」をイメージした上で、家づくりを通して人生プランを実現していく必要があります。

そのときに重要な観点が「お金」です。ほとんどのお客さまは、お金が大事だということに気がつきます。お金がすべてではありませんが、無いよりはあったほうが良いのがお金。出すよりはあまり出さないほうが良いのもお金。つまり、「お金」のことを素直に話せる人と進めていく方が、家づくりは失敗しないのです。

ぜひ、お客さまから、あなたの目の前にいる営業マンに聞いてみてください。

「お給料は？」「貯金や借金は？」「家は持っている？」

住宅ローンを抱えている人でしたら、月々の支払いや金利、いくら借りて何年までに返すプランなのか？　率直に聞いてみてください。

だって、お客さま自身は自分をさらけ出して情報を教えるのです。だったら質問してみてください。相手がどのように答えてくれるのか。

お客さまのことを親身になって考えてくれる人なら、借金の不安やローンを返し続ける大変さといった話を打ち明けてくれるのではないでしょうか。

お互いに正直な話ができない人に、今後のあなたの大切な人生を任せてしまっても良いのですか？　私だったら、正直、任せたくありません。

大事な家づくりです。人生経験をきちんと話合える人と進めていってください。信頼できると判断した、その人からの提案を信用してください。

世の中には、ありとあらゆる手段で、人にお金を使わせるためのさまざまな手法（セールステクニック）が存在します。家づくりにおいてもいろいろあります。それに乗ってはいけません。どうか、物事の本質を見る目を養ってください。

「本当に自分に必要なものなのか？　そうではないのか？」

多くの人は、お金を使うとき、あれやこれやと悩んで使うでしょう。目の前にいる人は、その悩みや不安をぶつけられる人でしょうか？

そんな観点を持って、営業マン、住宅メーカーと付き合ってみると、いろいろなことが違ってくると思います。

家を建てることは家電を買うのとはわけが違う

私がよく聞くのは、

「決算月で安くなると言われたから」「５００万円値引きしてくれるから」

そんな理由で、急いで家を買ってしまったという話です。後から後悔されている人も中にはいます。

家は家電ではありません。〝一生の買い物〟です。メーカーの決算の都合に合わせるのはどうでしょうか？

「値引きをしてもらえたので、今、ここで買おう」は、一見おトクなように思えるかもしれませんが、長い目で見たらそうとは言えないかもしれませんよ。

値段がなぜ安くなるのか、そのカラクリをしっかり考えてみてください。

大手のメーカーさんなら、４００～５００万円の値引きは当たり前におこなわれています。つまり、最初からそれを見越した価格設定がされているのです。

また、営業マンにはノルマが課せられていたりします。お客さまの都合ではなく、「今月、何件成約しなければならないから」「このままでは今期の売上が達成できないから」と、そんな理由で家の売買をされては、たまったものではありませんよね。ところが、こういうケースはけっして少なくないのです。

営業マンからしてみれば、家の売買が決まり、住宅ローンが組まれ、銀行からお金が入れば、いったんそこで終わりです。実際は、お客さまは一生かかってローンを払っていくわけです。「終わり」ではなく、そこが「始まり」なのです。

私は、ここからが一生のお付き合いが始まるのだと考えています。家は、一生かけて家族と寄り添っていく大事なパートナーです。その家づくりをお手伝いした私たちも、家族のパートナーです。良い家を買う、建てるということは、任せた住宅会社と、一生の良いお付き合いができるかどうかということでもあるのです。

とはいえ、ご相談を受けながら、大手のメーカーさんで購入することに決めたお客さまもいらっしゃいます。そういう方には、私は必ず「値引きしてもらいましたか？　交渉した方がいいですよ」と教えてあげるようにしています。みなさん、値引きをしてもらっているので、やはりカラクリは変わらないのだなといつも思うのですが……。

そんなことも踏まえて、各メーカーさんを回ってみると、見方が変わってくるのではないでしょうか？

通勤、通学、子育てで土地選びをしていませんか？

家づくりの前に考えておくことについて、いくつかのポイントを簡単にお話します。

あなたの家族が長く愛せる家を建てるために必要な視点だと思います。


一つ目は、土地選びです。

あなたは、通勤、通学、子育てなど、今の生活だけを考えて土地選びをしていませんか？

子どもの通う学校の学区内だから、ママ友がいるからといった理由で土地を選ばれる人がけっこういらっしゃいます。それは、今の生活のことだけを考えているということです。

本当にそれで良いのでしょうか？

日本人の平均寿命はどんどん伸びています。今では男性も80歳を超る時代です。子どもが巣立った後も、人生はまだまだ続いていくのです。

あなたは、今勤めている会社に、あと何年通いますか？

あなたは何歳までこの家で暮らすつもりですか？

年を取った後の生活のこと、利便性やどんな暮らしをしていたいかまで想像して、土地選びをしないと、あとで、「あれ？　この場所でなくても良かったのでは」「なんだか生活しづらい」といったことが起こってきます。

あなたが家を建てようとしている場所は、引退後も住みたい場所ですか？

子どもも将来、住みたいと思えるような土地ですか？


また、「どうしてもこの場所がいい」と、そのとき人気があったりして値段の高い土地を買ってしまうと、肝心の家の方の予算を減らさざるを得なかったり、家づくり全体にお金がとてもかかってしまうことにもなりかねません。家を建てることで、あとで生活が苦しくなってしまっては本末転倒です。

通勤、通学、子育てといった、今の生活だけを考えて土地を選んでしまうことは、長い人生を考えると、とても危険なことなのです。

１００年住める家を考える

先ほど、平均寿命が延びているというお話をしました。昭和22年の時点では、平均寿命は、女性53・96歳、男性50・06歳でした。昭和20年代に、55歳で定年という法律がつくられています。その頃は、ほぼ、定年まで働いたら、その後の余生はあまりない人が多かったのです。家の寿命もそこまで長い必要はなかったわけです。

それが２０１５年の時点で、女性は87・05歳、男性も80・79歳までになっています。現在80代の人たちは、生まれて成長するまで約20年学び、約35〜40年働いて、約20〜25年休む。そんな人生設計でした。

今、定年は60歳、65歳まで再雇用などと働く期間も延びていますが、定年後も、まだまだ人生が続く可能性は高いのです。すると、家の寿命は50年でも足りませんよね。

それどころか、２０１６年9月の時点で、日本の１００歳以上の人口は、過去最高の

6万5000人にも及んでいます。2050年には100万人を超えるのでは、とも言われているのです。人生100年時代が到来しています。

家をつくるとき、自分たちの寿命について、そして、それに合わせて家の寿命を延ばすことも真剣に考える必要があります。

そもそも、家をつくるとはどういうことでしょう? 何のためでしょうか? 家族みんなで幸せな暮らしを送るためというのが、大前提にあるのではないでしょうか。

自分たちも長く住むことになりますが、子どもや孫の世代までを考えると、これからは、100年もつ家を考えなければならないということです。

また、孫の世代まで見越して100年もつ丈夫な家を建てておくと、何かあったときに、家を貸してお金を得ることもできます。ただし、価値のある家、住む人にとって居心地の良い家でなければ、結局は借り手もつかないでしょう。このように、長いスパンで考えることがとても大切なのです。

税務署員の90パーセント以上が持ち家って知っていますか？

よく「持ち家」と「借家」のどちらがトクなのか？　という議論がされます。

答えは、お金に関する知識も技術も高いであろう税務署員が知っているはずです。税務署員の方が書かれた本を読んでみると、税務署員の90パーセント以上の人が、持ち家を持っているそうです。


結論から言えば、「家は、借りるより買った方が安い」のです。

場所や広さ、建物の設備など条件を同じにすれば、実際に家を持っている大家さんの利益分、借家の方が高くつくのは当然のことでしょう。

生涯を通じてどちらが優位かを知っている税務署員のほとんどが、若いうちに家を購入し、定年までに自分のものにしているという事実が、それを物語っています。

「借家」の場合は、死ぬまで家賃が発生するのに比べて、「持ち家」は、家の購入費を支払ったあとは一生家賃を支払わなくてもいいのです。固定資産税やメンテナンス費、分譲マンションであれば、管理費や修繕費などはかかりますが、生涯の家賃と比べれば安いものです。

私たちは何歳まで生きるか誰もわからないわけです。借家住まいの人が100歳まで生きるとしたら、その分の家賃を用意しておかなければなりません。

年金制度や社会保険、健康保険制度が、今後どうなるか不透明な時代に、「持ち家」があって、家賃の心配がないということは、大きなセーフティネットとなります。

また、家は、資産形成という意味でも、また、税金対策や保険という意味でも、私たちを守ってくれる存在になるものです。

税務署員でなくてもそれがわかっている人は、生涯困らないように、土地の値段が下がらない場所をしっかり吟味し、若いうちから家を購入しているのです。

「家を買うなんて、そんなお金ないし、考えられないな」

「好きなところに住みたいから、引っ越しができる賃貸がいい」

「お金持ちじゃないと、家なんて建てられないでしょ」

はなから「家なんて」と思っている人も、とくに若い人の中にはたくさんいらっしゃると思います。ですが、そういう人こそ、今の自分としっかり向き合い、将来のことをイメージして、不安要素を取り除くためにも、「自分の家を持つ」ということを真剣に考えるべきだと私は思います。

将来の家族構成の変化に対応できる家をつくる

設計プランを考えるときに重要なのは、家族の将来も見据えた設計になっているかということです。

年が経てば、家族構成は変わっていきます。子どもはあっという間に成長します。生活もどんどん変わっていきます。お父さんの仕事も途中で変わるかもしれません。子育てがひと段落すれば、お母さんの状況も変わるでしょう。

家族構成や生活の変化に応じて、間取りが自在に変えられると、住み心地も格段に上がります。たとえば、間仕切りを可動式にしたり、家具を間仕切りとして使用するのです。そうすると、家族が多いときには部屋の数を増やしたり、少なくなったら減らしたりできます。

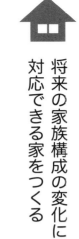

コツとしては、リビング、ダイニングは、家族が集まる大切な場所なので、居心地の良さを優先して、家のもっとも良い場所に大きめにつくっておくことです。

個室は小さめにしてしまっていいのです。

たとえば寝室は、ほぼ寝るだけの部屋でしたら、天井も低めにつくります。容積を小さくすることで、空調の効率を高め、落ち着ける空間にすることができます。その分、他の部屋にゆとりを持たせることができるわけです。

子ども部屋は北側で良いのです。将来、年に何回か子どもが帰ってくるときに使用するだけで、物置部屋になる可能性が高いからです。逆に、ゆくゆくはお父さんの趣味の部屋としてアトリエにするんだといったように、先のことも考えておけば、設計も変わってくるでしょう。

また、シーンによって、いろいろな用途に使えるものを備え付けておくと便利です。

たとえば、２階の踊り場のデッドスペースに、造り付けでテーブル台をつくっておきます。子どもが小さいうちはそれを勉強机として使い、個室を持つようになったら、お父さんの書斎机にしたり、お母さんのアイロン台にしたりといった使い方もできます。

２階の踊り場のデッドスペースに設けたテーブル台―書斎としても活用できる。

家具を買い替えていく必要もないし、将来、間取りを変更することもなく、家族の成長に合わせて空間を有効に活用できるアイデアです。

よく考えて建てた家でも、長く住み続けていると、どこかに不具合や不満が出てくるものです。ましてや、先のことまで考えることもなく建てた家、また、安いから、流行に乗って、といった家づくりをしてしまえば、それはなおさらのことでしょう。

20年、30年後の家族構成、成長計画も考慮して家づくりを考える。それぞれの成長に応じて、家も変えていけるような設計づくりをすることが、ずっと満足しながら暮らすことのできる家を建てるための大きなポイントと言えるのです。

第2章
現場歴36年の
プロが教える
7つの落とし穴

高価と言われる断熱材を使うとトータルでは安くなる理由

まず、みなさんが陥りやすい落とし穴の最初にお伝えしたいのは、見積もりをどのように読み取るかというお話です。

見積もりを見る場合、合計金額の安いか高いかではなく、目に見えない部分こそが重要であり、よく確認する必要があるということです。

私がお客さまからご相談を受けたとき、正直な話、

「予算はいくらまでですか？」

と単刀直入に聞いてしまいます。

極端な話ですが、安さ勝負であれば、建築基準法ギリギリで、とにかく安い建材を使って建てることも可能です。コスト削減のノウハウはどこも持っていると思います。

「でも、それで良いのですか？」ということです。

たとえば、同じ建坪の見積もりで、２０００万円の家と２５００万円の家があったとします。その金額の差が、大手のハウスメーカーということで、さまざまな経費が乗っかっているので、５００万円ほど高くなっているという理由なのであれば、２０００万円の家のほうが確実に良いでしょう。実際の原価、要は建材などの品質はほぼ同じだと思われるからです。

ところが、この差が、3倍長持ちする家かどうかの差だとしたら、２５００万円を支払ってでも高いほうの家にするべきだと思います。機密性、断熱材の有無、メンテナンスフリーの建材といった、家をより良くさせるもので値段が上がっているケースがあります。二つ目の落とし穴のところでお話をしますが、このような家を建てることは、長い目で見ると家の寿命や維持費が安くなるので、結局はおトクになるからです。

見積もりにおける基本的なお話をすると、住宅の面積の表現だけでも、施工面積、延べ床面積、建築面積の3種類があります。坪単価が安くなるので、施工面積で値段を出す会社もけっこうあります。ところが、施工面積になると、玄関の外のポーチの先端までだったり、ウッドデッキだったり、そういう部分も含まれるので、トータルすると随分面積が大きくなってくるのです。

じつは、法律ではどの単位で表現するかは定められていないので、坪単価いくらという説明を受けた場合、どの面積で割り出しているのかはきちんと確認しなければなりません。

また、どの工事以降が別途工事になるのかということも、よく見てください。

照明器具は？　カーテンレールは？　浄化槽工事は別ですよ、といったことです。細かい話ですが、どれも実際に生活をするためには必要なものですから、どこまでが最初の見積もりに含まれているのかは、気をつけてチェックするべきです。

すぐに住み始められるように、その家に合った家具や付帯設備などは用意しておいて、必要であれば付けてくれる。「自分で決めたいのでいらない」という人であれば、その分の金額は引いてくれるというように、臨機応変に対応してくれる住宅会社は気が利いているなと思います。

モデルハウスなどを見て、素敵なインテリアがセッティングされていて、「こんな生活が始まるんだ」とワクワクしていても、いざ購入の段階になると、すべて取り払われてガラーンとなり、イメージが違うことはよくあります。希望すれば、それがそのまま手に入るほうが親切ですよね。

その家の値段が高いのか安いのかは、ただ表面的に見積もりを見ているだけでは、けっこうわからないものです。目に見えないところこそ、差がついてくる部分です。

私は現場監督ですのでこの辺りの話は大得意なんですが、建築現場において、職人さんが現場まで出向いたのに、作業ができなくて戻ってしまうということがよくあります。現場では〝出戻り〟と呼ばれています。じつは、そういうことがあったときに備えて、高めに工賃を設定しておく会社もたくさんあります。10万円で済むはずの工事費が、15万円になっていたりするわけです。

先々の作業のことまで考えて、無駄を省いた工事過程を組んでいる優秀な現場であれば、職人さんを管理する体制もしっかりしていて、連携もスムースにおこなわれています。〝出戻り〟のような無駄は少ないのです。

一方、たくさんの現場を抱えている会社や、安い建材だけ入れて後はお任せといった、大雑把な管理をしているようなところですと、職人さんはそれぞれの工程まで細やかに対応するのは難しいでしょう。ちょこちょこ出たり入ったりで職人さんが時間を取られたりすると、その分の余計な経費がかかったり、または見積もられたりしています。

たとえば、あえて高価な断熱材を使うだけで、電気工事費が下がることがあるのはご存知ですか？

断熱材の値段だけを見てみると、もっとも安いグラスウールやロックウールといった、壁の中に充填する安価な断熱材に比べて高くは感じます。ところが、高価な断熱材を使った作業は、一日で一斉に仕上げますので効率が良いのです。そのためには、事前に電気工事は終わらせておかなければなりません。大工さんも終わらせておかなければならない作業があります。

こういうつなぎ目的な工程のポイントをつくっておくと、だらだらと各専門の職人さんがほんの数時間ずつ登場するような作業日が減り、無駄なく効率良く工事が進んだりするのです。

細かい説明は省きますが、安価な断熱材を使うと、大工さんにとっては、作業の途中の要所要所で、電気工事をしてもらったりしたいわけです。そうすると、その数時間のためだけに来てもらったり、逆に、まだ作業ができない状態で待たせたり、そういう無駄が発生しやすかったりするのです。

工賃も入れたトータルで見ると、高価な断熱材を使ったほうが結局安く済み、しかも品質も高くなる。こういうことが他にもいろいろあります。さすがにこんな話は、営業マンでもわからないでしょう。現場を知っていると、本当にもったいないなぁということがよくあります。

最終的には、住んでみなければ施工精度はわかりません。そして、ここまで素人である施主さまが見積もりを読むのはちょっと難しいと思います。ただし、こういう目に見えているものの値段だけではなく、裏側の目に見えていない部分の無駄な工程、手間賃といった話まで、丁寧な説明をしてくれる人と家がつくれれば、同じ値段を支払っても、確実に品質の高い家がつくれるはずです。

最初の見積もりが安いから といって決めてはダメ

あなたに問いたいのは、「何社か見積もりを取って、一番安いところで決めてしまって大丈夫ですか？」ということです。

住宅会社といっても、ピンからキリまであります。建設業許可（一般、特定等）を持っているかどうかは、当然チェックしてください。無許可業者が家を売っている（仲介している）こともあるので、そういうところはやめましょう。

そして、家は30年以上のローンを組んで、長い時間をかけて購入していくものです。途中でメンテナンスが必要になったり、何かアクシデントが起こったり、災害もあるかもしれません。何が起こるか本当にわかりません。最初の価格が安いからという理由だけで決めると、後で何かあったとしても会社がなくなってしまって大変ということもあります。

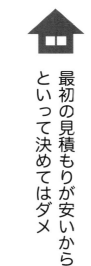

じつは、見積もりの内容でもめることもよくあるのです。

たとえば、契約事項には入っていなくて、実際に工事が進む中で追加オプションの費用がかかることが判明し、しかも値段が高いといったようなことがあります。

最初の見積もりは、極力安く見せる工夫がされていると思ったほうがいいのです。見積もりに書かれていないことをどれだけ読み取れるか、そこは本当に信頼できる人と相談しながら、見積もりには書かれていない、目に見えない部分についてきちんとわかるように説明をしてくれる会社とタッグを組んだほうが良いということです。

何社かを比べたいと思ったら、同じ図面、同じ仕様で出してもらってください。素人でもパッと見て比べられるように、条件を揃えて見積もりを取ることです。その上で見積もり金額が出たら、どの業者に決めるかが重要です。私なら迷わず安いほうから2番目の業者とまずは話を進めます。

逆に一番安い業者に決めてもいい場合は、お客さま（施主）と施工業者の間に、図面、仕様、価格などの精査ができる人（設計事務所等）が監理業務で入るケースです。

しかし、多くは直接のやりとりでしょう。その場合、2番目の価格の会社に、最安値会社の見積もりを精査してもらうのです（これは裏ワザで業者泣かせにはなりますが）。安ければ安いほうが良いと思うかもしれませんが、安易に安い業者に決めてしまうと、じつは、見積もり外の別途工事が多い、安い材料を使っているなどの可能性もあります。それも含めて、2番目の会社に価格の差を明確にしてもらうわけです。

2番目の会社から、あなたの希望にそった価格にしてもらえるか否かの答えをもらうのは、安い会社の金額を精査してからにしてください。私が仮に2番目の会社の立場だったら、違いを明確に説明して、できるものはできる、できないものはできないとお答えするようにしています。

実際、金額が安い理由は、見積もりの書き方の違いに隠れていることが多いのです。お客さまが価格だけで判断するのは、危険です。私の会社でも、提案型の競争見積もりを提出する機会はたくさんあります。安いところに決めたお客さまに結果を確認すると、やはり別途工事が多かったり、仕様、グレードが低かったりで、追加工事まで含めると私たちのほうが安かったという意見を多く聞くからです。

余談ですが、私も最後まで見届けたい性格ですから、結果にはこだわります。工事完成後は、必ず家を拝見しています。そこで改めて信頼を得て、太陽光発電システムの設置工事や外構工事を受けることも多々あります。

話を戻しますが、見積書に何が書いてあるかわからなかったら、納得するまで質問してください。曖昧にしたまま契約をするのは絶対にやめましょう。

最終的にはあなたの予算が大事なのです。いくらなら払えるのかをしっかり見積もってください。「絶対にはずせないもの」と、「あったらいいもの」の仕分け、優先順位をしっかりつけておくことです。

「長い人生の間、どのような生活を送りたいのか」

何度も言うようですが、それが家づくりの重要ポイントです。

営業マンが、「これはいいものですから、入れておきましょう」「最新の設備を付けておいたほうが、ゆくゆくはお金がかからないですよ」「オススメです」といろいろ提案してきたら、その根拠を確認することです。説明してもらった内容について、第三者にも質問してみましょう。まったく別の見解があるかもしれません。

見積もりが安いからといって、安易に決めないこと。肝に銘じておいてください。

より大事なのはランニングコスト！

落とし穴の2番目は、トータルコストのお話です。

あなたは家をつくるときには、「イニシャルコスト」と「ランニングコスト」の両方があることを意識していますか？　その両方を考えて、トータルでのコストを考えて決めなければ、一生苦労することになりますよ。


「イニシャルコスト」とは、初めにかかる費用のことです。

物件購入費用をはじめとして、ローン保証料や登記費用、火災保険といった諸経費、印紙税、登録免許税、消費税といった税金などがそうです。

「ランニングコスト」とは、後から毎月かかる費用のことです。

マンションの管理費や修繕積立金、駐車場代などです。維持・修繕費や光熱費なども家のつくり方によって後からかかってくる金額が変わったりします。

一般的に、「イニシャルコストを安く抑えたい」という人がほとんどだと思います。最初に出せる頭金には限りがあります。住宅ローンで借りられる金額にも上限があります。その予算のなかで「できる限り、イニシャルコストを安くしておきたい」と考えるのは普通の感覚ですよね。ところが、最初は安く抑えられても、後々の「ランニングコスト」が多くかかってきて、最終的にトータルで見ると結構な金額を払う羽目に陥っているというケースも多々あります。ここも、長い人生において影響力が大きいので、気をつけなければならない落とし穴です。

同じエリアに建っているマンションと一戸建てで比較してみましょう。

土地代の負担が大きい分、当然のことながら一戸建てのほうが「イニシャルコスト」が高くなるでしょう。でも、長い年月のトータルで比べてみるとどうでしょうか？

分譲マンションの場合、共有部分（玄関、廊下、バルコニーやエレベーター立体駐車場などなど。自分の部屋以外のスペース）は、居住者全員で維持管理をすることになります。維持管理にかかる費用や修繕積立金、駐車場代などは、毎月払う「ランニングコスト」ですね。

たとえば、それらのランニングコストが月3万円かかるとすると……これがけっこうバカにならないのです。単純に計算してみても、毎月3万円で、年間36万円。30年間で1、080万円、40年間で1、440万円にもなります。1、440万円というと、家一軒買おうと思えば買えてしまうくらいのレベルになりますよね。

「イニシャルコストが安いから」という理由だけで、分譲マンションを買うのは、「ランニングコスト」まで考えると「ちょっと待って」と言いたくなります。

高い光熱費をまだ払っているの？

じつは光熱費も、家のつくり方次第で、後々かかってくる金額が変わる「ランニングコスト」のひとつです。

最近の「高気密高断熱の家」などに代表される「省エネルギー住宅」などは、毎月の電気代・ガス代などの光熱費がとても少なくて済みます。さらに、太陽光発電などと上手に組み合わせれば、ほとんどエネルギーコストがかからない家ができたりするのです。

ここで、毎月の光熱費が、「2万円かかる普通の家」と「1万円で済む高性能な家」で比較してみましょう。わずか1万円ですが、それが40年間ともなると、2万円の光熱費だと総額960万円、1万円の光熱費では総額480万円です。

当たり前ですが、その差は2倍。この差480万円を、今の金利で逆算して初期コストに換算すると、およそ300万円になります。つまり、毎月1万円の光熱費が節約できるなら、初期費用が３００万円余計にかかったとしても、40年間の総支払額で見ると、だいたい同じくらいになるということです。

光熱費をたくさん払わなくてはならない家は、つくり方を間違っていると言ってもいいくらいです。家をつくって損をする人にならないように、トータルコストの意識を持ちましょう。

なぜ、光熱費が大切なのでしょうか？

家のローンは、年数がくれば払い終わるものです。働いている期間を想定し、退職金なども考慮したうえで、返済金額、返済年数などを設定するので、終わりの見えているお金です。

ところが光熱費は、退職した後も生活をするために必要な経費です。その家に住み続ける限り、死ぬまで永遠に払い続けなければならない一生のコスト（私はこれを〝生涯ローン〟とお伝えしています）なわけです。しかも、誰も自分の死がいつ訪れるかはわかりません。トータルでどのくらいになるのか、誰も予想のつかないお金でもあるのです。

そして、光熱費が上がるリスクはいろいろあります。すでに、原発の廃炉費用負担が課せられ、電気代などは上がっていますが、インフレになれば、物価が上がると同時に光熱費も上がります。消費税が上がれば、もちろんその分が上乗せされます。円安になれば、輸入エネルギーが上がります。

昨年からＰＰＳ（新電電）が始まりましたが、結局、多くの人は電気代は下がっていないでしょう。さまざまな会社から、セット割りなど多種多様なプランが出てきましたが、基本的には、電気をたくさん使う人にメリットがある仕組みです。最初から節電をしている人や節電しようとしている人にはあまりメリットがないのが現状です。

まず、電気代を抑えるには、照明をＬＥＤや省エネ家電に変えることです。また、ＨＥＭＳ（ヘムス）などを用いて、エネルギーの見える化を図ることも有効です（ヘムスについては、後ほどお話しします）。

新築を機にオール電化を検討する人もいらっしゃるでしょう。

オール電化のメリットはいろいろあります。安い深夜電力を使ってお湯を沸かすこと。調理中にも火を使わないので着衣着火の事故が無く安全であること。ちょっと目を離したすきの天ぷら火災などの心配もほぼありません。火傷や命のことを考えても安全なため、火災保険などが安くなります。

小さなことのようですが、天ぷらを揚げている鍋に紙（古新聞や古雑誌など）で蓋をすれば、家の中が油煙によってベタベタに汚れてしまうこともありません（ガスコンロでは火災につながり不可）。こんな工夫で壁紙も長持ちし、張替などの費用も抑えられます。

ただし、原発が稼働しなければ、価格上昇の可能性があります。また、ガス、灯油などその他のエネルギーを併用した場合は、基本料金分が高くなるというデメリットもあります——ということまでは普通の営業マンでも説明できる話です。

私の説明は少し違います。光熱費を生涯ローンと置き換えて、それをコントロールし、そのローンを減らす方法だったり、そのローンを限りなく0円にする方法があるのです。それを知っていないとあなたは損をしてしまいます。

そんな方法があるということに気づいてほしいのです。そのために、住宅をオール電化にします。電気、ガス、灯油といった3種類の生涯ローンをコントロールするよりは、1種類のローンをコントロールするほうが楽ですよね。まずはそこが入口となります。

これが、「ランニングコスト」のかからない家を建てて、「生涯ローンを減らす」コントロールということです。

光熱費を電気代に絞ると、創エネ、省エネ（電気使用量、電気単価）がポイントになります。

創エネで有効なのが太陽光発電システムです。今後も開発が進み、面積当たりの発電性能はアップ。太陽電池のフィルム化により、曲面や壁面、ガラス面等にも施工できるようになるので、より効率の良いエネルギー創出が可能になります。また、風力発電や水素電池など電気をつくる技術の進歩も目覚ましいものがあります。

省エネはどうでしょう？

ヘムスを使った節電や、蓄電池を使った電気価格のコントロール（安い時間帯に電気を貯め高い時間に使う。創エネした電気を貯めることも可能）により、エネルギー消費を減らす政策は、今や国策でもあります。この流れに乗れるようにした住宅はかなり有利だと思います。

インフレ時代には先に支払っておいたほうがおトク

ここまで、「ランニングコスト」と「イニシャルコスト」のお話をしてきました。

それは、これからインフレの時代がやってきそうだからです。

インフレとはモノの値段が上がることですが、つまりそれはお金の価値が下がることでもあります。「今日の100万円と10年後の100万円の価値は違う」とはよく言われますよね。つまり、今日より明日のほうがお金の価値が下がるわけです。であれば、先に支払ったほうが良いということになります。


インフレの世の中では、「ランニングコスト」として後から支払うよりも、「イニシャルコスト」として、最初に支払っておいたほうが、おトクということになりますよね。

逆に、デフレ社会であれば、今日よりも明日のほうが、お金の価値が上がるのですから、後から支払ったほうがおトクです。

先ほど、毎月3万円のランニングコストは、40年間で1、440万円にもなるというお話をしましたが、もしこれに、年率2パーセントのインフレ率を入れて考えると、なんと「年間で2、174万円」にもなります。家1軒分以上になるかもしれない、大変な金額です。

これから来るであろうインフレ時代には、マンションの管理費や、光熱費などの後々かかる「ランニングコスト」も、徐々に値上がりしていくことを考慮しておいたほうが良いと思います。なので、賢い選択が必要なのです。

「生活保護基準相当で暮らす高齢者およびその恐れがある高齢者」を〝下流老人〟と呼ぶそうですが、日本には、2015年現在、推定600~700万人くらいいると言われています。

せっかくマイホームを手に入れたのに、住み続けられなくて手放さざるを得ない老後を迎えることは避けたいですよね。

〝下流老人〟になってしまわないためにも、トータルコストの意識を忘れないでください。安いからといって、生涯ずっとお金のかかり続ける家を建ててしまわないように。

安さの陰に潜む危険も見落とさない

3番目の落とし穴は、安さの陰にさまざま隠れている危険性です。

手抜き工事、欠陥住宅によるクレームというものは、あとを絶ちません。受注が減ってしまって、倒産の危機にいる住宅会社や倒産してしまった会社もたくさんあります。下請けの下請けがいてダンピングがされていることは、大手メーカーなら当然のことです。いろいろな要因があって、家の品質にしわ寄せが来てしまうケースは多々あるのです。

また、本来の仕様や工法などをきちんと知らないまま施工をしている業者、監督も、信じられない話ですが、現場には実際にいます。

具体的な話ですが、たとえば、床や壁、屋根の合板の、釘の種類と釘を打つ間隔に決まりがあることはご存知ですか？　そういうことすら知らない業者もけっこうあるのです（このような話は職人さんから情報が伝わってきます）。

土台の柱を入れる部分のことを「ほぞ」と言います。ピタッとハマれば、釘を打たなくてもしっかり柱は抜けずに機能します。当たり前の話ですがそれを、後からほぞを切り大黒柱を入れようとした建築業者もいるのです。

なぜそんなことになったかというと、棟梁自らが営業もされている工務店さんで、契約時に大黒柱をサービスするからとの話を持ち出したのだそうです。ところが、そのことをすっかり忘れてしまって、上棟日に大黒柱が無く、結局、後から入れさせてほしいということになったようです。それは飾りの大黒柱であったかどうかはわかりませんが、それでも、後からスッと入れただけでは、耐震性も耐久性もあったものではありません。それはさすがに困るということで、工事がストップしてしまったようですが、かなりヒドい話です。これも職人さんから実話として聞いた話ですが、このような話をすればキリがありません。さまざまな失敗話は、ヒドいものから教訓に到るまで見事に伝わってきます（教えてくれるような人間関係を構築していますので、情報網には自信があります）。

ところで、家づくりの法律は国土交通省などが決めています。こまかい規定などもどんどん変わっていますので、最新情報をアップデートしていない会社に建てられてしまうと、後からトンデモないことになる可能性もあるのです。まさに、〝適材適所〟がなされていないということです（この言葉は建築用語から生まれた言葉です）。

そして、この見えない部分こそ、しっかりチェックしなければいけません。

随分前に、マンションの構造計算が偽装されたということが問題になりましたね。これは構造上、必要な柱や壁の大きさが小さかったり、鉄筋の数が少なかったりといったもので、本来NGになる答えをOKに書き換えた嘘の構造計算書を提出し、建設コストを下げたというものでした。

最近では横浜のマンションの杭の長さが足りていなかったケースもありました。これはあきらかに現場での偽装だったわけですが、たぶん長くした杭で打ち直す時間・お金（余裕）がなかったのでしょう。

木造住宅でも下地のベニアの種類が違ったり、構造用耐力壁の釘の種類や間隔が違ったり、建材そのものを安いものに変えられていたり、職人さんが知っていてやる場合と知らないでやっている場合と、目に見えないところでは、何が行われているかわからないのが現実だったりします。

ここで私が現場監督だったころの話をしましょう。

現場というものは、一つと言って同じ環境はありません。日々天気や気候が違う状態で工程も違いますし、場所も違います。建物の形も違います。そんななかで日々仕事をしていますと、実際、失敗や間違い勘違いといったことはまったくないわけではありません。

それは厳しい管理をされている工場のラインの中でも不良品というものは発生するのと同じです。要するにその不良品の発生を限りなく少なくするとか、不良品を早い時点で見つけるといったことが重要になります。

家づくりに当てはめますと、間違いや失敗をおかしたところを過去からの経験をふまえて同じ失敗を繰り返さないことや、間違いに早い時点で気がつき修正するといったことが重要となります。

もちろん物事には規格値というものが存在していますプラスマイナス・ゼロではなく許容範囲というものです。大工言葉に「一分や二分は芸者の花」といった言葉があります。一分とは3ミリのことです。柱や梁のような大きな木材の寸法を決めるときには、3ミリ6ミリにこだわっても意味が無く、そんな細かいところにこだわる暇があったら大事なところに頭を使えといった意味です。3ミリの隙間ができても良いということではもちろんありません。

　要するに、物事の本質を知ったうえで仕事をしているかどうかです。これがなかなか解っている人は多くないのです。まず、我の強い人は駄目です。人の言うことを基本聞きませんので、いろいろな情報を聞き逃している恐れがあります。その結果、我流の押し付けで仕事を進めています。こんな人に仕事を頼むとお客さまはつらいです。提供できる情報が少ないのですから、お客さまは損をしてしまいます。


　ではお客さまが損をしないためにはどうすれば良いのか？

　やはり創業年数がある程度長く、つまり経験値が高く、しっかりとした施工実績や情報収集能力を持ち、それを適材適所で使える会社を見つけることが一番です。そのような会社に、あなたの大切な家づくりを頼むこと。それができれば、あなたの家づくりは、限りなく成功に近づくでしょう。

安心して住めることが一生の住み心地をよくする

４番目の落とし穴、それは、一生安心して住める家かどうかということです。

「安全、安心な家づくりを考えてみてください」と言うと、みなさん、耐震や免震、制振といった地震対策にばかり目がいってしまいます。確かにこれも重要な話です。スーパージオ工法など、より優れた耐震性を可能にする新しい技術もどんどん出てきています。検討してみると良いと思います。

ところで、日本では、家のなかでヒートショックによって亡くなってしまう人が、交通事故死より４倍も多いことをご存知ですか？

暖かい部屋から寒い廊下、トイレやお風呂場などへ移動したとき、その温度差で急激に体に負担がかかり、心疾患や脳血管疾患が起こって亡くなってしまう人がたくさんいるのです。

対策としては、家の断熱性、機密性を高めることが挙げられます。住宅全体を均一な温熱環境に近づけることが有効だからです。住宅の高断熱化が遅れていた日本でも、ようやく住環境が人の健康に与える影響について広く知られるようになってきました。

断熱性能が悪い住宅から良い住宅へ転居した場合、ヒートショックだけでなく、アトピーなどのアレルギー性の病気や、気管支喘息、関節炎等々、さまざまな疾病にかかる確率が改善されるという調査もあります。暖冷房効果が高く省エネルギー性能に優れている家は、人の身体に優しく、健康を守る効果があることが浸透してきているのです。

家の断熱性、機密性を高めるためには、部屋を細かく区切らないことです。区切ってしまうと、冷暖房が入っている部分とそれ以外の部分との温度差が開いてしまうので、注意しなければなりません。仮に、部屋ごとにエアコンを設置していたりする場合も、リビングだけはしっかり温度調整しておくようにしてください。今の技術では、家の機密性が相当高いので、それだけで光熱費をそれほどかけなくても、家中を快適な温度に保つことができるのです。

そして、間取りをなるべくゆったりさせます。できるだけ部屋は壁で区切らず、視線は遮るけれど、見えそうで見えない空間のつながり、たとえばスキップフロア（床の段差を少しずつ変える）を使って空間に広がりをもたすなどの工夫をこらします。子どももちろんですが、おじいちゃんおばあちゃんの存在をなんとなく感じられるようにしておけば、万が一、何か異変が起こってもすぐに気がつけますよね。

日本は、平均寿命は長いのですが、健康寿命との差が10歳以上もある国です。これは、先進国の中では最下位です。

では逆に、健康寿命を長く保てる家というもの

和室につながるスキップフロア

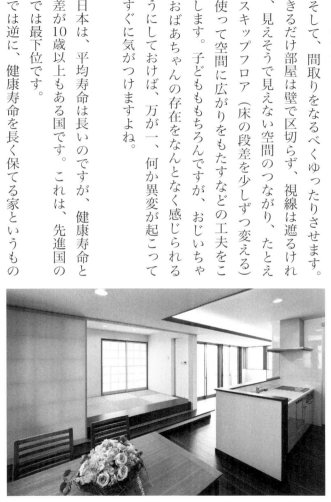

はどういう家なのか？

丁寧に説明すると、数字的な根拠も合わせてこれだけでも一冊の本になってしまいます。日本の家づくりについて、私が伝えたいことがうまくまとまっている文章がありますので、ここに引用させてください。


「――兼好法師が徒然草で『家の造りは夏を旨とする』と言ったのも、『底冷えのするような京都の冬でも暖房さえすれば何とかなるが、蒸し暑さだけはどうしようも出来ない。だから夏の対策を第一にして造ったほうが良い。』と言うことから出てきた言葉です。

高断熱・高気密住宅の必要性を説くと必ず、子供達が寒さに耐性の無い軟弱な子に育つのではないかと心配する方もいますが、精神修養で真冬の海に飛び込んだり、滝に打たれるのは医者に言わせれば愚の骨頂で『百害あって一利無し』で、むしろ危険性極まりないということです。

成人の場合も脳卒中や心臓病の発症原因になりますし、子供も身体を冷やすことで様々な疾病の引き金を造ってしまいます――」『改正住宅省エネルギー基準と手引き』（奈良憲道著／株式会社エクセルシャノン）より。

つまり、精神論がもたらす健康被害には、くれぐれも注意しなければなりません。

具体的に言いますと、健康を阻害しない室温は全室摂氏10度以上が目安です。自分の居る部屋、寝る部屋は10度以上になっていても、廊下やトイレ、浴室などはないがしろにしがちですが、ここも10度以上にしないと意味がありません。

「高齢者の『入浴事故死』の要因は部屋の温度差なので、その対策をした家をつくりましょう」という話は、どんな住宅会社でも当たり前にお伝えしていると思います。ですが、これだけでは不十分です。また、断熱性能を上げるためにこの断熱材が良いとか、サッシやガラスの性能はこれでないと駄目とか、そこでイニシャルコストは上がるが、ランニングコストはこれだけ下がる、健康住宅ですから医療費も減ります、といった程度の案内です。

本来は、この「イニシャルコスト」を上げなくても済む方法を提案するべきなのです。

余談ですが、先日、ある大手建材メーカーの営業マンが、サッシの新商品の説明に来ました。まったく的を得ていないどころかアルミサッシと樹脂サッシのメリット、デメリットもはき違えていましたので、みるにみかねて「サッシ部門に配属は最近ですか？」とお聞きしたところ、5年の実績とのことでビックリしました。その方にもせっかくだからと、サッシ素材の本質的な話をしたら、「ありがとうございます」とお礼までされました。

要点を言いますと、部屋の温度をコントロールするためには、窓の重要性に着目しなければならないということです。まず、日本のどの地域に住むのかによってその家の冷暖房期間を知ることができます。寒さ対策か、暑さ対策か、どちらがどのくらい必要なのか、私ならばすぐに調べておおよその日数を割り出しお知らせします。

そして、その対策として窓が鍵になるのです。暑さも寒さも窓の開口部から熱の出入りによってもたらされます。そこで、窓の財種、サッシの材種が重要だということになるのです。やかんの取っ手が樹脂なのは、熱が伝わりにくいことでもわかるように、熱伝導の高い材種のサッシを使うよりも、熱伝導の低い樹脂などの材種を選ぶことによって、当然ながらエアコンの温度設定も違ってくるのです。また、人が感じる体感温度も、壁や建具の表面温度により大きな影響を受けますから、サッシの選定を間違えると、断熱材の入っていない壁以下の性能になってしまうこともあります。つまり、性能が良いからコストが高くなるのではなく、高くならないように性能を上げるのが大事なのです。

建材メーカーの方よりも物事の本質を知ることにより、住宅会社主導で、流通を調整しコスト管理をすれば、お金のかからない家づくりができると断言できます。

少しでも質の良い家を安く手に入れて欲しいというのが、私の一番の願いですから。

テクノロジーで家はますます快適になる

あなたは、スマートハウスというものをご存知ですか？

朝、目覚めと共にカーテンが開き、お湯が沸き、トーストが焼かれ、コーヒーの良い香りが漂ってくる……。夢のような未来が、もうすぐそこまでやってきています。

出勤や通学時には、自動でセキュリティーがかかり、ロボット掃除機が動き出す。空調も、人がいるかいないかで自動的に切れたり、弱まったりする。帰宅のときには、家に近づくと自動的に空調が入り、快適な温度の家に帰ることができる。お風呂も時間が来れば自動的に沸き、寝るときにも自動的に照明が弱まり、スーッと眠りにつくことができる。本当にこんな家がすでにつくられている時代です。

このような、昔漫画や映画で見たような生活が、どのように実現できるのかというと、

ＨＥＭＳ（ヘムス）「Home Energy Management System（ホーム エネルギー マネジメント システム）」というシステムがあるからです。

ＨＥＭＳとは、家の中の家電や電気機器をネットワークでつないで、エネルギー状況を「見える化」し、エネルギーを節約するための管理システム。さらには、ネットワークでつながれた家電や電気機器を一元管理し、遠隔制御、自動制御をすることができるものです。

夜中の電気代が安いときに洗濯機や食洗機を動かしたり、日中の電気代が高いときにはエアコンの設定温度を調整したりといったことも可能です。

省エネ社会の実現を目指している政府は、２０３０年までにすべての世帯への導入を目指しているようで、自治体によっては補助金なども設定されています。

このＨＥＭＳシステムを使えば、家を旅行で空けているときにも、自動的にカーテンの開閉や照明の点灯消灯などを行って、人が生活をしているように見せることもできるのです。外から家の様子を確認できるので、空き巣対策といったセキュリティー面でも安心、安全の家になりますよね。

断熱や機密性能、耐震性能は、後からは簡単に変えることできませんが、ＨＥＭＳは、今すぐには設置しなくても、後付けで付け足すことができます。将来のことを考えて、コンセントなど準備だけはしておくと良いと思います。

あなたの担当者の知識はアップデートされていますか？

5番目に注意してほしいこと。それは、あなたが家づくりを任せようと思っている営業マン、担当者は、どれくらいの知識、情報を持っている人なのかということです。

家づくりといっても、設計や構造、付帯設備、施工、職人の技術等々、現場で行われていることだけでもいろいろあります。また、環境、土地の値段や選び方、住宅ローン、エネルギー問題……それはそれは多方面にわたって、あらゆることが関係してきます。世の中の動向も、国の政策や法律もどんどん変わっていきます。海外から流行がやってくることもあるので、海外事情にも目を配っておかなければなりません。

資格一つとっても、ありとあらゆる資格があります。私も26歳のときに一級建築士の資格を取得しました。けれども、資格は取って終わりではなく、その資格に見合う経験を積み上げ、スキルアップをしていかなければ机上の空論になってしまいます。

どんな資格であれ、現場で実践を積んでいるかによって、その価値には雲泥の差が出てきます。結論は、人生死ぬまで勉強です。止まってはいられません。


私たちが子どもの頃に習った歴史も、新しい発見によって教科書の内容も変わっていきます。今まで常識だったことも、どんどん過去の常識となり、明日には非常識になっているかもしれません。


私はいつも物事に携わるとき、本当にこれで良いのか？　これが最善なのか？　と自問自答しています。〝絶対〟が無いのが世の中だと思っています。

それは家づくりのプロとしてけっして忘れてはいけないことだと思います。

そんな私も、後で述べますが、フランク・ロイド・ライトの有機的建築の思想に出会ったことで、家づくりに対する姿勢に、一本大きな幹ができたことは事実です。幹ができ生まれる枝葉は、時代やニーズによって多少の変化はあるかもしれませんが、根幹は変わりません。

それは私が家づくりに対して悩んでいた問題も、合わせて解決してくれました。勉強を続けていれば、今まで見えなかったものが見えてきます。知ってしまえば「なーんだ」と思うことも、知らなければまったくの霧の中です。

お客さまは、モノの本質（根幹）が見えずに、仕様（枝葉）にとらわれすぎているのではと思うことがよくあるのです。

たとえば、家を建てるときの最初の工程である地盤改良を例にあげましょう。

スーパージオ工法という最新の建築手法があります。新しい地盤改良の仕方を採用することで、より地震の揺れに対して優れた家を建てることができる方法です。この認定を受けている家は、最大1億円の免震保証を付けることができるのです。

私の会社では、それをお客さまのメリットと考え、さっそく採用し、希望される方の家をこの手法で建てました。いつどこで、大きな地震が起きるかわからない時代です。万が一倒壊してしまっても、保険金が下りなかったり、下りても家を建て直すにはまったく足りなかったり、苦労している人がたくさんいます。

もちろん、けっして押し売りはいたしません。そのお客さまにも地盤調査を行ったうえで、その他環境パイル工法、柱状改良工法、砕石杭工法と3つの認定工法も合わせて提案し、各工法のメリット、デメリットを価格差も含めて説明しました。

お客さまに「地震が来ても大丈夫だった。仁藤さんに頼んでよかった」と言ってもらいたい。一生のお付き合いになるお客さまが、私たちが建てた家でずっと幸せに暮らしてほしい。それだけの想いだけで、普通のことを普通に考えているだけです。

ですが、普通のことを普通にお伝えするにも、最新の情報をつねにアップデートし、必要な資格は取得する。会社だけでなく営業マン一人ひとりの知識とスキルを上げ続けていくことが重要だと考えています。

進化しているテクノロジー、情報にも敏感で、勉強熱心で、住宅会社自体が日々進化し続けているところに頼むのがベストです。そして、どんなことにもメリット、デメリットがあります。どちらもきちんと提示してくれて、納得した上であなたに選択をさせてくれる会社を選んでください。

夢のマイホーム！
ところが天国から地獄へという現実

住宅は、人生の中でももっとも大きな買い物。キャッシュで家を買えるような人はそう多くはいません。ほとんどの人は、数十年の住宅ローンを組み、憧れのマイホームを手に入れることになります。自分の家を持つという夢を叶えてくれるのが住宅ローンということですが、実際のところは、住宅ローンで人生が狂ってしまったという人がたくさんいるというのも事実です。これが6番目の落とし穴です。

もう何年も前の話ですが、家を新築したからと誘われて、ある人のところに遊びに行ったことがあります。今は倒産してしまった会社の輸入住宅で、モダンで素敵なお家でした。ところが数年後、その家には別の人たちが住んでいました。どうやらローンの支払いが滞ってしまい、引っ越されたとのこと。子どももいましたが離婚もされ、一家はバラバラになってしまったようでした。今思えば、かなり建築費の高い家だったことを覚えています。もしかしたら無茶なローンを組んでいたのかもしれません。

この家族も、まさか、楽しいことが待っているはずの新居を失うことになるとは想像もしていなかったでしょう。リストラされたり、勤務先が倒産したり、ボーナスが出なくなったり、離婚もそうですが、人生には思わぬアクシデントが起こります。無理のあるローンや不利なローンを組んでしまうと、返せなくなった途端に家も失い、借金だけが残り、一家離散ということも十分考えられるのです。

競売にかけられた家に、住み続けているというケースもあります。インターネット上に家の中の写真が掲載され、買い手がつけば出ていくことになるのです。家族の幸せのために組んだはずの住宅ローンに、思わぬ形で苦しめられることもあるということを、ぜひ知っておいていただきたいと思います。

今は、契約社員で仕事をしている人が、4000万円のローンを組めたりする時代です。これは、従来であれば不可能だったことです。雇用の安定していない人が（今の時代、正社員でも安定しているとは言えませんが）、高額のローンを組むのはとても危ういことです。しかも今は、頭金がなくてフルローンになってしまう人も多いのです。奥さまが妊娠されて、「子どもができるから早く家を」と急いで住宅購入に踏み切る方も多いです。妻がしばらく仕事ができなくなり、収入が夫だけという状態は、さらに危険性が増します。

住宅ローンは、今や4000種類くらいあると言われています。最低でも金融機関の数だけ存在します。住宅ローンと一口に言っても、その中身は千差万別なのです。

あなたは、「モーゲージバンク」というものがあるのはご存知でしょうか？　ローン貸し出しを専門とする金融機関のことで、銀行や公庫の住宅ローンとは、資金調達の方法が違っています。

大手ハウスメーカーは、独自に子会社としてこのようなローン会社を持っています。いくつかの大手ハウスメーカーが共同出資してローン会社をつくっている場合もあります。つまり、お客さまがローンを借りやすくなるように、大手のハウスメーカーは受け皿を用意しているというわけですね。

住宅会社にしてみれば、家を販売できればいいのです。その後、お客さまがたとえローンを支払えなくなったとしても、それはローン会社との問題であって、営業マンは痛くも痒《かゆ》くもありません。ローンさえ組めれば家が売れますから、お客さまの支払い能力以上に、なんとかしてローンを組ませようとする営業マンもたくさんいるということです。

じつは、中古住宅仲介会社（スムストック）、つまり、何らかの理由で手放さざるを得なくなった住宅の売り買いを仲介する会社も、大手ハウスメーカーが10社で運営しているのです。このような受け皿まで用意しているという現実が何を物語っているか、お客さまが本当に安心してローンを組んで家を建てられるのか、私はちょっと疑問に感じています。

住宅ローンを借りやすいというのは、家を持ちたいという人にとってはありがたいことでもありますが、借りられるからといって安易にローンを組むことは、けっしてしてはいけません。金利が安いからと手を出すのも危険です。ローンによっては、3ヶ月程度の滞納で全額返済を求められたり、金利の高いローン商品に借り替えさせられることもあるからです。住宅ローンを借りやすいことと、返しやすいこと、つまり最後まできちんと返せるかどうかは、まったく別の話です。ここは、本当に要注意な点です。

住宅ローンを組むときには、よくよく勉強し、第三者の意見も聞き、内容をしっかり調べてから選ぶべきです。

とくに次のようなことはしっかり考えてください。

- **お金はいつでも簡単に返済できるローンを選ぶ**（たとえば、今月は少し余裕があるので、1万円繰り上げ返済するなど細かく返せることです）。
- **返せるときにはどんどん返して、元金を減らしていく**（貯蓄も大事ですが、ローン金利のほうが高いので、こちらを優先させます）。
- **返済年月を詰めるのか、返済額を減らすのかは、家族構成や年齢を踏まえて検討する。**
- **どちらが有利か、長い目で見た場合のことをよく考えて、できれば別の専門家に意見を聞けるとよい。**
- **将来的に、教育資金やマイカー資金など他にお金を借りるシーンがあるなら、そちらを先に返済する**（住宅ローンのほうが、税制上優遇されていたり金利が安かったりするので、より金利の高いローンを先に返済するべきです）。

私は、地元の地方銀行や信用金庫をオススメします。やはり、いざというときに親身になって相談に乗ってくれるかどうかが、とても大切だからです。地元で悪い評判が立つと商売が立ち行かなくなるという意味では、地元の工務店も同じなのですが、やはりそういうところは、しっかり細やかに対応をしてくれます。

たとえ、建てたときの金額が安かったとしても、将来もずっとコストのかかる家に住んでしまうと、なかなか返済が追いつかなくて苦労します。長い人生の中で、いつ、どのくらいお金が必要になりそうか、何かあったときの蓄えはあるか、子どものこと、家族の状況などを先々までイメージできているかどうかが大切です。

安易に高額の住宅ローンを組ませようとする会社は論外です。あなたのお金のことまでも考えてくれて、できるだけ無駄をなくし、良い住宅をつくろうとしてくれる住宅会社を選ぶことが大切なのです。

知らぬ間に土地を差し押さえられていた恐ろしさ

私自身の住宅ローンのお話をしましょう。

今でこそ会社の社長になっていますが、数年前までは、私も一社員の立場で、現場監督を務めていました。24年前に、住宅ローンを組んで実家を建て替え、ようやく1年後に2000万円のローンが終わる見込みです。その頃は、最長25年のローンしか選択できず、金利も4パーセント以上と高かったと記憶しています。

じつは私自身も、この間ローンのことでは苦労しました。

最初の問題は、当時のシステムで、住宅金融公庫のゆとり返済を利用してスタートしたこと。まだ給料は右肩あがりで増えていくものだという認識で、最初の5年間は低金利でスタートするのですが、6年目から金利が1パーセント以上も高くなるものでした。

そのときにローンの借り換えを検討し始め、はじめてどの金融機関のどのローンが良いのだろう？　と悩みました。そして、落とし穴に見事にハマってしまったのです。

私は両親との同居でしたので、古い家を建て替えて二世帯住宅にしたまでは良かったのですが、親と私と持分に応じてローンを支払っていたわけです。ところが、父は自営業（いわゆる職人）で、お金が毎月決まった日に入る人ではありません。仕事の完成に応じて集金をするスタイルなので、ローンの引き落としの日に口座にお金が足りないとか、2〜3か月分をまとめて支払うといった不規則な支払い履歴になっていたのです。もちろん私は知らなかったのですが、金融機関からすると厄介なお客です。なんと、いくつかの金融機関で借り換えを断られてしまいました。

困っていると、父の商売のメインの取引銀行がOKをしてくれて、ようやく借り換えができました。それまでの住宅金融公庫のローンは固定金利でしたが、借り換えは変動金利(元金均等。約2・5パーセント）になったと記憶しています。

ところが、当初は金利が安くなったことで喜んだのですが、蓋を開けてみれば、それまで5年間支払っていたローンは元利均等でしたので、ほぼ金利のみを払っていたようなものので、ほとんど元金は減っていない状況だったのです。まだまだローン完済までの道のりは遠いと感じました。

まずはローンを私名義に変え、私の管理のもとで支払いをすればいいと、その当時はこれで問題解決と思いました。しかし、社会情勢は大きく変わり始め、バブル崩壊後の不景気の波が襲い、サラリーマンの給料も上がるどころか下がる時代に突入していきました。

この時期、３人の子どもたちも成長し、やはり月々の支払いが負担になり始め、預金をローンの繰り上げ返済にあてたりしました。銀行の担当者は、ローン完済の前倒し（短縮）を強く勧めてきましたが、私たちは、ローン完済年はそのままで月々の返済を減らす方法を取りました。その選択は、今思えば正しかったと思っています。思った以上に子育てにはお金がかかりました。結果的には末っ子の娘も大学に入学でき、親とすればほっとしているところではあるのですが。

ところが、ローンの借り換え後も問題が起きたのです。

中小企業金融円滑化法により、住宅ローン金利も銀行と再交渉できるようになったので、早速金利を下げる交渉をしに銀行の窓口に出向きました。すると、なぜか奥の部屋に通されて伝えられたことが、私の家の土地が市の差し押さえに合っている事実でした。そして、それが解決しないと金利を下げる交渉には応じられないとのこと。

住宅ローンは一日の延滞もなく払ってきた私にとっては寝耳に水です。ところが、差し押さえの原因は、土地の名義者だった父でした。職人をしていた父にも不況の影響が及び、税金、国民保健料等を延滞していたのです。相当な額になっており、延滞金利だけでも減らそうと元金だけは大至急支払いましたが、利息分については、数年かかって支払うことになる始末。なんとか差し押さえだけははずしてもらい、その後金利を0・25パーセント下げてもらい、現在は3回目の借り換えローンを支払っています。

差し押さえになった要因の一つは、二世帯住宅にしたこと。二世帯住宅は、親子間のプライバシーが保たれて気兼ねなく生活できるメリットがあります。その分、食卓も居間も別なのでコミュニケーションが希薄になり、お互いの生活内容（私の場合はお金）がわからないというデメリットもあります。結果的に、余分な出費（延滞金）を支払うはめになってしまいました。

そんなわけで、私の家の登記簿には差し押さえの履歴が残っており、何かの折には問われます。お騒がせの父もすでに他界しており、今思えば良い経験、良い勉強をさせてもらったと、ある意味感謝をしています。とはいえ、けっして楽しいことではなく、誰にも、同じような思いをして欲しくないと強く思っています。

なぜ、こんなお恥ずかしい話をしたかと言いますと、その当時とは金利も社会情勢も違いますが、未来の予測は誰にもできないことは同じだからです。ですから、その時々の最新情報を得て、自分で自分のセーフティネットを確立し、予測不能な未来に備えることがとても大事なのです。やはり、プロの情報量は違います。ハウジングライフ（住生活）プランナーに頼むのも、選択肢の一つと言えるでしょう。

先日、ある生命保険のセールスレディーと、家づくりについての話をする機会がありました。その方は、日本一高いハウスメーカーで家を建てています。

「部屋数が多すぎて、間仕切り変更もできず、将来の子供の成長独立を考えていなかったんです」といった失敗談の他にも、住宅ローンで苦しいというお話でした。

「ローンを途中で繰り上げ返済したんですが、月々の返済負担を減らさず支払年数を縮めたため、まとまったお金は無くなり、給料は上がらないなか、月々の負担がどんどん増えてきてとても大変なんです」

「保険を辞めたり減らしたらどうです」と冗談めいて言ったら、

「笑えないです」と苦笑されていました。

つまり、将来のことは誰にもわからないということです。将来の安心のために商品を案内している保険のセールスレディーさんですら、自分の家づくりと豊かな暮らし（お金）については、失敗したと言っているくらいですから。

住宅ローンを負債ではなく資産にする方法がある！

万が一、住宅ローンが払えなくなってしまったら、通常は、家を売らざるを得なくなります。それでもローンが残ってしまった場合、家は失っているのに、残ったローンは払い続けることになり、さらには自分の住む場所も別に確保しなければならない。それこそ、二重苦三重苦の状態に陥ってしまいます。

このように、住宅ローンに苦しめられ、家を手放すような悲惨なことにならないようにするために、打っておくべき対策はいくつかあります。

じつは、7番目の落とし穴は、そのような対策を講じたくても講じられない家を、建ててしまうことです。

まず、オーソドックスな対策方法としては、繰上げ返済を少額でも受け付けてくれるところ、しかも手数料を取らない住宅ローンを組んでおくことです。余力のあるときにちょこちょこ返しておくだけでも、トータルでは随分違ってきます。ただし、住宅ローンは金利が優遇されているので、何か他にお金を借りなければならないことになっても、そちらを先に返済し、住宅ローンのほうを最後まで残しておくべきではありますが。

住宅を購入する際に入る団体信用生命保険は、みなさんご存知だと思いますが、それ以外にも知られていない制度があるのです。

今のような低金利の時代には、「フラット35」などの、35年間金利が固定のローンを組むほうが安心ですが、私がオススメするのは、そのなかでも「家賃返済特約付きフラット35」です。万が一《いち》ローンを返済できなくなっても、住宅を住宅借り上げ機関に預け、賃貸にし、その賃料を返済に充てることができる特約です。

また、国の出先機関である移住・住みかえ支援機構（ＪＴＩ）が行なっている「マイホーム借り上げ制度」というものもあります。

これは、空き家対策として生まれた制度ですが、マイホームを終身に渡って借り上げて、賃料収入を保証してくれるものです。50歳以上であることと、住宅が一定以上の耐震性が保証されていることが条件になりますが、この制度を利用すれば、自宅を売却しなくても住み替えや老後の資金として活用することができるわけです。

では、50歳未満の人はどうすればいいかというと、このＪＴＩが認めた耐久・耐震性基準を満たしていれば、つまり、しっかり長持ちする認定住宅を建てておけば、50歳未満の人でも、借り上げ制度を利用できるという認定制度があります。


このような対策を立てておくことで、住宅を建てた後の不安、ローン破綻だけではなく、たとえば、いつ転勤を命じられるかわからないといったことも含めて、「万が一のときにどうしよう」という不安がなくなるのです。

それまで住宅ローンを支払い続けて手に入れた住宅が、今度は賃料を稼いでくれる存在になる。まさに、住宅ローンを負債ではなく、資産にする方法です。つまり、家が年金代わりにもなるというわけです。もちろん、そのためには、通常の家より多少割高になったとしても、しっかり耐久性、耐震性を持った家を建てる必要があります。

これを知っているのと知らないのとでは、人生が変わってくるような話です。逆に、このような知識を得て、しっかりとした家さえ建てておけば、悲惨な状態になることを防げるのです。残念ながら、営業マンでも意外とご存知ない方も多いようです。

〝下流老人〟という言葉が世間を賑わして何年か経ちますが、「家を建てるなんてそんなお金ないですよ」という人こそ、優良な住宅会社を見つけて、無理のない範囲で家を建て、制度を上手に利用して、家を資産にすることを真剣に考えるべきだと思います。家が、あなたを〝下流老人〟になるリスクから救ってくれるかもしれません。

何も知らずに営業マンの言うがままにローンを組んでしまうと、大変なことになる可能性もありますが、情報や知識を得て、正しく対策を打っておけば、家は、想像以上に頼りになる存在となるのです。家が凶器となってあなたを襲うか、セーフティネットとなってあなたを守ってくれるか、これは大きな違いです。

ここでひとつお伝えすると、「マイホーム借り上げ制度」などを利用するには、ハウジングライフ（住生活）プランナーという資格を持っている人に、仲介をしてもらう必要があります。

このような住宅に関するさまざまな知識もさることながら、必要な資格を獲得し、すぐにお客さまの役に立つようにと準備をしているかどうか、これも今後、住宅会社を見極める一つの目安になるかもしれませんね。

さらに言えば、あなたがお願いしようと思っている住宅会社は、住宅ローンについて、たとえば元利均等（最初は利息のほうが比率が多い）と元金均等（元金に対しての利息を均等に払う。最初は支払が多い。年数が建つほど、利息の割合が少なくなって支払額も減る）、そのどちらが今の自分には良いかといったことも、真摯に相談に乗ってくれる会社でしょうか？

そのような視点で住宅会社を選ぶということも大切なことだと思います。

住宅ローンは、あなたの人生を左右するとても大切なことなので、長くお話をしてきました。私は、ハウジングライフ（住生活）プランナーの資格ももちろん取っています。少しでも不安なことがあれば、気軽に相談してください。大事なお金のことです。とことん、納得がいくまで相談に乗りますよ。

どんな家が結局はおトクなのか？

ここまで、さまざまな観点からお話をしてきました。結局はどんな家がおトクなの？という人もいるかもしれませんね。もう一度、おさらいをしておきましょう。

・家族の希望を叶えながらも低コストで建てることができる家

無駄な経費をかけていない地元の住宅会社で、信頼のおける職人に建ててもらうことができれば、間違いなく手に入れられるはずです。

・イニシャルコストだけではなく、ランニングコストまでを考慮した、人生トータルで損をしない家

光熱費がかからない、高断熱、高気密、太陽光発電等の創エネルギー住宅であれば、イニシャルコストが多少高くなっても、長い年月でコストを削減できます。

・無駄を省き、必要なものだけが備わっている財布にやさしい家

流行りに乗ったり、最新だからといって必要のない設備を付けたりする必要はありません。将来に備えて、後から付けられるように準備だけしておいてもらう、それが賢い方法です。

・将来の家族構成の変化に対応できる家

現在の通勤、通学、子育てだけを考えるのではなく、将来の生活までを想像し、臨機応変に対応できる間取り設計、また土地選びをすることが、長く快適に住み続けるコツです。子ども部屋が、将来お母さんの趣味の部屋になったり、お父さんが副業ができるスペースになったり、さまざまに変化できると効率が良いですよね。副業で新たな収入を得られれば一石二鳥です。

・家族が集まるリビングが開放的で居心地が良く、何年経っても飽きがこない家

週末ごとに外に出かけていては、お金は飛ぶようになくなります。休日は家でのんびりできる。夜も早く帰りたくなる。一家団らん、家で過ごす時間が心地良ければ、浪費も減ります。

リビングは大きな子ども部屋という考え方が主流になってきています。リビングで勉強をする子は、個室で勉強する子よりも頭の良い子になるという調査結果もあるようです。見守られている感を得られることで情緒が安定するのは、お年寄りも同じかもしれません。

家が魅力的であれば、巣立った子どもたちも自然と集まってくれるでしょう。マイホームを建てる意味は、ここにあるのではないでしょうか？

・環境にも、人の暮らしにも配慮したシンプルでコンパクトな家

不必要に大きかったり、光熱費がかかる家は環境にも負荷がかかります。自然と調和し、人の暮らしに寄り添うシンプルな家が増えれば、私たちの生活も豊かになります。

・長い年月を経ても色褪せない経年変化の美しさを持ち、世代を超えて住み継がれる家

やがて子どもたち、孫たちの世代になっても住める家、住みたいと思える家であれば、これに越したことはありません。長く価値の落ちない家をつくっておけば、大事な子どもたち、孫たちといった世代にも、豊かな暮らしをプレゼントすることができるのです。

・耐久性、耐震性の基準をクリアしており、100年住める家

長期優良住宅の認定を取れるようにしっかりつくった家であれば、国から75〜90年くらいのお墨付きをもらえます。万が一、自分たちが住まなくても、人に貸して賃料を得ることも可能です。年金代わりにもなる家です。家を建てるとき、将来資産にできるかどうかを意識してイニシャルコストをかけると、ゆくゆくは家があなたを助けてくれるかもしれないのです。そのような家は、通常の家の料金のだいたい25パーセント増しくらいで建てられてしまいます。

構造計算をしっかりかけて、耐震等級の最大グレード3を取っておけば、地震保険の保証をつけることもできます。万が一のときにも安心ということです。

ここに並べてきたような観点を持って、もう一度、あなたの家づくりを見直してみてください。今はまだ、ピンとこないかもしれませんが、

「あー、こういうことだったのか」

「こうしておいて、本当によかった」

「家を建てて家族と幸せに暮らすことができて、本当にありがたい」

必ず、そう実感される日がくることでしょう。

第3章
現場主義が選んだオーガニックハウスの利点

フランク・ロイド・ライトの思想を継承する家

私は、2年前に、現場監督として長年勤めてきた会社の社長に就任しました。

ずっと現場で家づくりに携わってきた私が、社長という立場で、さらには現場の視点も取り入れて、「これからのより良い家づくりのために、大切なこと、必要なものは何だろう?」と真剣に考えていたときに、「これだっ!」というものにめぐり会いました。

それが、「オーガニックハウス」です。

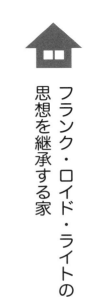

「オーガニックハウス」とは、アメリカの建築家、フランク・ロイド・ライトが提唱した〝有機的建築〟という建築哲学を正しく受け継ぎ、日本の風土や気候、敷地や環境などに合わせて、この日本の地で実現させた住宅のことを言います。

簡単に言えば、ライトが追い求めた「住まいの本質」である、自然とのつながり、人とのつながり、時間とのつながりまでをもデザインした、世代を超えて受け継いでいくことのできる家。所有者が手入れをしながら長く住み続けられる、住む人のことを第一に考えた有機的（無機的なものではなく、人間に寄り添うものであるということ）、かつ自然との調和を考えた住宅のことです。

それでは、この建築家ライトの思想について、さらに詳しくお話させてください。
フランク・ロイド・ライトは、「住まいの本質」とは、人の原体験に刻み込まれた思想への回帰でもあると考えました。その思想を８つのテーマに置き換えてみると、次のようなものになります。

自然　「自然とつながりを生きぬくこと」
造形　「自然を利用した住まいの道具づくり」
風景　「森羅万象への畏敬と憧憬」
炎　「焚火・炉を中心とした寝食・団らん」
価値　「安全・安心・居心地の良さの獲得」

眺望「眺める愉しみと開放感の味わい」
立体「大屋根あるいは分棟型の住まい」
空間「一つの空間に生活に必要なものがあるのみ」

これらのテーマは哲学的でなかなかイメージしにくいと思いますが、要は現代文明に慣らされてしまった私たちが忘れつつある人間の原体験を思い出し、今日まで脈々と受け継がれてきた「住まいの本質」とは何か。それをどう活かして現代の生活にマッチさせるのかということだと思うのです。さらにこのテーマは、私たちが長く暮らしを営み続けるために、工夫し、変化させてきたことでもあります。

こういったテーマを、うまく機能、構造、デザインを一致させて、住み心地の良い住宅という「形」にしたのが、フランク・ロイド・ライトなのです。そして、その「形」こそが〝有機的建築〟であり、その哲学に基づいてつくられている家が「オーガニックハウス」というわけです。

それではこの著名な建築家・フランク・ロイド・ライトについて簡単にコラムでご紹介しましょう。

フランク・ロイド・ライトについて

フランク・ロイド・ライトは、アメリカの建築家。

ル・コルビジュ、ミース・ファン・デル・ローエとともに、近代建築の三大巨匠と言われる、世界でもっとも著名な建築家の一人。日本では、帝国ホテルの旧本館（ライト館）や、自由学園明日館などを設計したことでも有名だ。

「空間の魔術師」とも呼ばれ、今でも多くの建築家やデザイナーに多大な影響を与え続けているフランク・ロイド・ライト。ニューヨークのソロモン・R・グッゲンハイム美術館や、アメリカ・ウィスコンシン州にあるジョンソンワックス社の本社や事務所棟といった大きな建築の他に、彼は、多くの個人向け住宅の設計にも携わっている。中でも有名なのは、カウフマン邸（落水荘）だ。まるで滝の上に家が建っているかのような佇まいは、写真などでご覧になったことのある方も多いかもしれない。

ル・コルビジュらの機能主義建築とは対照的に、普遍的で美しい形を持つ自然界のさまざまな姿からデザインを取り入れ、建築物が自然と調和することと、住む人の生活の質の向上を重要視した、“有機的建築”を提唱。具体的には、「プレイリースタイル（草原様式）」（建物の高さを抑え、水平線を強調した佇まいを持ち、部屋同士を完全に区切ることなく、一つの空間として緩やかに繋ぐ）などの、新しい建築様式を生み出した。

帝国ホテル設計のために来日した折に日本各地を訪問。日本の建築に大いに魅せられ、日本文化からも少なからぬ影響を受けていることが知られている。

有名なカウフマン邸（落水荘）外観、右は邸内を訪問した著者

自然と調和するオーガニックハウス

オーガニックハウスは、安らぎに満ちた住環境をつくりあげ、住む人に、本当の豊かさ、美しさ、普遍的な価値を教えてくれる住宅です。

自然を自然のまま家の中に取り込み、内と外のつながり、そして、家の中の部屋同士のつながりを意識した空間を創造し、最新のテクノロジーや文化を取り入れながら、時代とともに継承され、長く愛される空間づくり――それこそが「住まいの本質」であるという考え方に、私は共感し、オーガニックハウスの思想を取り入れた家づくりにも、取り組むようになりました。

そして今の時代、本質的で普遍的なものの価値を認め、ホンモノを求めている人が増えてきています。オーガニックハウスという視点を持った家づくりが、なぜ今、注目されつつあるのか？

もう少し具体的に、オーガニックハウスとはどのような家なのか、見ていきたいと思います。

オーガニックハウスの基本コンセプト

家を建てるとき、そこに住む人の個性、趣味嗜好、家族構成、心地良さの基準、ライフスタイルは、それこそ千差万別です。建てられる場所の条件も、気候、広さ、環境、土地の状態等々さまざまです。そして何より、住宅との付き合いは、何十年という長きものになります。マイホームは、人生を左右するとても重要な存在なのです。

一つとして同じものがなくそれぞれの特性を生かしながら、人が手を加え過ぎずに、そして、これ以上手を加える必要がないほど機能性を追求し、完璧な設計を追い求めてつくりだされるただ一つの建築、それが、〝有機的建築〟である「オーガニックハウス」なのです。

完璧な理論に基づいた家づくりと言えるのですが、ちょっと理屈っぽくなってしまったかもしれません。

「オーガニックハウス」をもっと明快に一言で伝えるとしたら、以下の３つと言えるでしょう。

・長く住めていつまでも飽きの来ない家
・そこに住む家族が心からくつろげる家
・人がそこにいて開放感を感じられる家

では、これらのポイントを叶えるためには、どのようなことに注意して家づくりをすれば良いのでしょうか？

この日本という風土の中で、心地よく暮らすための家をどのようにつくれば良いか、オーガニックハウスの考え方を取り入れ、私は、次に挙げるようなコンセプトをお客さまに提案しています。

○環境に馴染むデザイン

家の姿形、外観をデザインする際に、建っている地域や環境との結びつきを考え、周りと馴染むようなものにするということを、あなたは意識したことはありますか？

一生をかけて長く寄り添い、付き合っていく存在だからこそ、家のデザインは、周囲の環境と調和するように、その場所にある色彩や自然なアースカラーで彩ることが大切です。

最近、若いお母さんの好みを優先して、外壁をピンク色にしたり、メルヘンチックなデザインにした家なども見受けられます。家で一番長く過ごすのは、おそらく奥さまであることがほとんどでしょうから、奥さまの使い勝手を優先させた家づくりには私も大賛成です。ですが、何十年も先のことを考えず、今の趣味、今の気分で家を建てることはオススメできません。外壁の色くらいであれば、もちろん後から変えられますが、その分、お金もかかります。

私は、このような、ハウスメーカーの安易に流行に乗る、お客さまに迎合するような傾向に流されてしまうと、結局、損をするのはお客さまだと思っています。

「本当にそれでいいのですか？」と問いかけたくなることはけっこうたくさんあります。

飽きのこないデザイン、色というのは、やはりその場に馴染むもの、そこに存在しながら、住む人だけでなく、家を見る人、周りの人々の気持ちをも豊かにするものではないかと私は考えます。

敷地いっぱいに建物を建てないことも、オーガニックハウスの特徴の一つです。さらには、通りを歩く人、近所に住む人に圧迫感を与えないように、建物の高さを抑えたり、緩勾配の屋根にしたりするのです。余白をつくってゆとりのある家をつくることが、住む人にも心地よさを与えることにつながるからです。

また、建物を間延びさせないように腰壁を用いたり、シルエットにこだわったり、棟瓦

自然のアースカラーに溶け込む家（口絵参照）

の積み方やモールディング（壁面などの接合部の装飾）なども、横のラインを意識したつくりにしたりすることで、視覚的な安定感・安心感を与え、落ち着きのある外観ファサード（建物の正面）とともに、周りとの自然なつながりをつくりあげることができます。

将来、後悔することのないように、長く愛せる家にするために、「周りとの協調を考えて、美しく普遍的なもの」をつくるということは、オーガニックハウスに限らず、成功させる家づくりのためには必要な観点でしょう。

○窓にこだわる

窓に対する考え方も、オーガニックハウスには特徴があります。音楽のメロディーのように、テンポやリズム感のある配置をすることで、道行く人に対して快適さを演出することはもちろん、住む人にとってもより快適な住み心地を提供しています。

窓は、住まいの中でも、住環境を左右するとても重要な要素です。外見上の見栄えにも

窓にこだわり、内と外と自然とつながる空間を生む（口絵参照）

影響しますが、窓一つで住み心地も大きく変わってくるのです。オーガニックハウスでは、風や光、緑、そして景観までも室内に取り入れ、招き入れることを大切にしています。日々、自然を感じることのできる佇まいを目指しているわけです。

具体的には、「外から内へ、内から外へ」空間を連続させるような家になっています。実際に建てられた建物の中から外を眺めてみると、窓の向こうにある庭も、室内の延長線上にあって部屋の一部のように見え、外から窓の中を覗いてみると、室内が庭の一部であるかのように見える。そんな設計がされています。このような設計をすることで、部屋が大きく見えるという利点もあります。

また、家の外観を見たときの印象と、部屋の中に入ったときの印象が変わらないように、素材や樹脂、色彩などを統一するという工夫をしています。さらには、人が昔から付き合ってきた木や石、土の質感を生かした空間づくりをしています。素材にこだわることで、部屋の床からベランダや外に設けたデッキなどへのつながり、天井から庇《ひさし》へのつながり、内壁から外壁へのつながりなどを演出してくれます。また、中と外の間にワンクッションとなる空間を設置することで、住まいに身近な自然を感じさせてくれます。

このような工夫により、オーガニックハウスは、家の中に自然の心地よさをうまく取り込んで、日々、自然とつながる豊かな時間を提供することができます。

よく、「窓を大きくしたり、たくさんつくると、家の断熱性が悪くなりませんか？」と言われる方がいます。それで、光熱費が高くなってしまうのではないかと心配されるようです。部屋を細かく区切らなかったり、吹き抜けにしたりすることに対しても、同じ質問をされることが多いのです。

ところが、実際は、断熱材を良いものにするしないといったことよりも、家は、機密性を高めることのほうが重要なのです。逆に、いくら値段の高い断熱材を入れても、機密性が保たれていなければ意味がありません。窓を大きくしたり、多く設置したりしても、サッ

天井までの建具で高さを強調（口絵参照）

シの部分など窓自体にしっかりとお金をかけ、性能の良いものを選べば、機密性は十分に保たれます。サッシの素材はアルミよりも樹脂のほうが良いですし、ガラスはもちろん二重よりも三重のほうが良いわけです。職人さんの腕にもかかってはきますが。

もっと言うと、断熱材の良し悪しは厚みの違いくらいでしか差はつきません。厚くなれば、その分部屋は狭くなります。「うちは良い断熱材を入れています」と謳っている住宅メーカーさんがあれば、それよりも、「窓にお金をかけたい」と言ったほうがいいのです。

私が実際に、オーガニックハウスを建てるときにしている工夫を少しお話します。

たとえば、窓、または掃き出しのガラス扉を壁につくるとき、あえて真ん中に壁を残し、窓、または扉を二つにします。すると、そこに風の流れが生まれ、遊びが生まれます。回遊性が生じるわけです。その二つの扉を出たり入ったりぐるぐる回ることができ、家がアトラクションになったりします。子どもが喜びそうなちょっとした遊びを取り入れることで、子どもは家の中にずっといても、飽きずに楽しく過ごしていられますし、大人にとっても、フッと一息入れられる時間をつくりだしてもらえたりするのです。

寝室の窓は、ベッドに寝転んだ時の視線を意識してつくったりもします。その状態で窓から外を眺めると、空しか見えないような微妙な位置に、高さ、横幅も計算して窓を設置するわけです。天井を低くし容積を小さくした守られた感のある部屋にいながら、開放的な窓の外の景色を楽しめる。そんなちょっとしたところに気を配っておくと、部屋の中での居心地の良さはずいぶん違ってくるのです。

○空間を自由自在にコントロールする

家においてもっとも大切なものは、空間です。

「天井でもなく、壁でもなく、床でもない。ましてや素材でもない。あくまでも空間が大事である」――これは、フランク・ロイド・ライトの思想の大きな部分を占めているコンセプトです。

オーガニックハウスでは、室内空間をドアや壁などで仕切って固定するのではなく、なるべくオープンにすることを目指します。部屋を箱の組み合わせとして捉えることをせず、ダイナミックでドラマチックな動きのある空間づくりを大切にしています。

遠い過去、人が住む場所は、洞窟から始まりました。そこから、人は平原に出て、竪穴式住居などに住むようになっていきます。一つの空間の中に、同じ高さは存在しませんでした。人が暮らす上で、食事をしたり、寛いだり、睡眠をとったりするときには、それぞれ目的に応じて必要な高低さは変わってきます。まるでトンネルや鍾乳洞のように変化がある。そこに人が直接座るのか、食事をするのかなど、あらゆる用途、シーンによって、天井の高さや階層に変化を持たせることで、人はより居心地よく過ごすことができるわけです。

私は、将来の家族構成の変化に応じて、間取りが変えられる家をオススメしています。間仕切りを可動式にする。家具で間仕切る。すると、家族の成長、家族構成の変化によって、自在に部屋の数や大きさを変えることができます。そして、家族の集まるリビング、ダイニングといったもっとも大切な空間は大きめにつくっておく。居心地を最重要視します。

その分、個室は小さめにします。たとえば寝室。ほとんど寝る時間しか過ごさない寝室は、立って過ごす時間が少ないのですから、天井を高くする必要はないのです。落ち着いた空間で睡眠を得るためには、寝室はきちんと仕切ったほうが良いですし、先ほどもお話しましたが、安心感を優先して容積も小さくします。容積を小さくすることで光熱費を節約することもできます。

天井を低くした寝室（口絵参照）

天井についてもう少し解説すると、「天井は高いほうがより良い」という認識は、じつは間違っています。「えっ？」驚く人も多いでしょう。テレビのＣＭや一般的な住宅に関してのお話でも、天井は高いほうが広々として豊かで良いように語られていますよね。実際は、そうとも言い切れないのです。じつは、「天井が低いほうが、奥行きが強調され、部屋は広く感じられる」のです。落ち着いた空間になりますし、そのほうが居心地よく感じられることも多いのです。

もちろん吹き抜けのように天井が高いと気持ちが良いでしょう。広々と開放感のある空間は、人の気持ちをのびのびとさせてくれます。

では、天井が低い空間では圧迫感を感じるかというと、意外にも天井の低い部屋にいると、人は安心感が得られて落ち着くようです。ですから、ベースの部分は低く、場所によって高さを出したりメリハリを付けた設計にすれば、楽しく奥行きのある空間をつくりだすこともできるのです。

天井を低くすると、階段の面積もコンパクトになり上り下りも楽になるというメリットもあります。建具（扉、障子、ふすまなど住宅の開口部に取り付ける仕切り）を天井までの高さにつくると、天井の低さを感じさせないという裏技もあります。

小さな家であればあるほど、天井は、少し低めにつくったほうが良いと思います。家の外見的にも、プロポーションが良いと感じられる家や佇《たたず》まいが素敵と言われる家は、じつは階高が低かったりするものです。

天井を低くすることで得られるメリットも意外とある、ということを覚えていてください。天井が高いのと低いのとではどちらが良いか？　それは、どちらにもメリットデメリットがあるので、一概には言えないということ。やはり、あなたが日々の暮らしの中で何を優先するかということで変わってくるのです。

○お互いの存在を感じられる空間づくりをする

家の設計を考えるとき、リビング、ダイニング、寝室……と、部屋をそれぞれ別々の空間として考えがちです。けれども、部屋と部屋が個々に独立していて、つながりを感じられない家では、家族の密なコミュニケーションを妨げ、家族の団結を育むことが難しくなってしまいます。

家族のより良いコミュニケーションを促すには、空間をゆるやかにつなぎ、回遊性を持

吹き抜けとソファー隅の居心地の良さ（口絵参照）

たせることが大切なのです。壁やドアで区切らない連続性のある空間は、視界の先の、見えない部分への誘いをもたらします。それぞれの空間をゆるやかにつなげることで、家族の気配を感じることができ、お互いのつながりを育むことが可能になるのです。

たとえば、吹き抜けの空間が良い例です。1階にいる人、2階にいる人それぞれが、お互いに家族の気配を感じることでつながりが生まれます。吹き抜けは、窓から見える景色も変わってきますし、開放感が違います。

この場合、一つ言えるのは、換気や冷暖房の効率は、どうしても悪くはなってしまうので、どちらを優先させるかということは考えなければなりません。

部屋と部屋のつながりは、部分と全体がつながるようにする。天井や床でつながりは持たせながらも、高さを変えたり、位置を工夫することで、視線を外し、各自のプライバシーを保ちながら、お互いの意識、場所は共有できる——家の中で、直接顔を合わせたり言葉を交わさなくとも、お互いの存在を感じながら、それぞれが好きなことができる空間づくりが理想でしょう。そのような家族との間接的な触れ合いが叶うオーガニックハウスの設計は、私は、素晴らしいと思います。

空間には、そこに住む人に合った心地よく感じる寸法というものがあります。

人は誰でも、動物的な「籠《こも》る」感覚を持っています。子どもの頃、押入れの中に隠れたり、段ボールで秘密基地をつくったりした経験は誰でもあるでしょう。大きな会場での講演会や、パーティ会場などでも、ほぼ人は、隅っこのほうに行きたがりますよね。

大人の隠れ家のような心地よさ、快適さ、ひとつひとつの居場所と全体との距離感。けっして大きな部屋でなくとも、扱いやすい大きさの「間」を、全体とつなげてあげることで、人は安心感とともに居心地の良さを感じられるのです。

○家族が集まる場所を中心に考える

家族が自然に集まる場所、家の中心があることをテーマに住まいを形成することも大切です。昔の家にも、暖炉や囲炉裏など、家族が自然に集まってくるシンボル的存在がありました。現代の住宅においても、家族の集まる象徴となるものとして、テレビや暖炉などがあります。家族が一緒に食卓を囲むダイニングや、テレビのあるリビングといった家族がもっとも集まる場所を、より魅力的なデザインにすることで、家族の心の触れ合いを自然につくりだせる、求心力のある家にすることができます。

そのポイントの一つに灯りの扱い方があります。昼は自然光をたっぷりと取り込み、夜は最小限の灯りを灯すようにするのもオーガニックハウスの考え方です。

昼は、床と梁《はり》の間一面の「ガラスウォール」の広い窓や、梁の上部にある「クリアストーリー(室内の採光や内壁の蓄熱などを目的にした高窓)」から自然光をたっぷりと取り入れ、部屋の隅々まで明るくします。部屋に入った自然光は、壁や床に跳ね返り、反射した間接光となって、また部屋を明るく照らします。また、反対の位置にも彩光窓を設置し、そこからも光を入れ、部屋全体が柔らかい光で満たされるようにすることで、日中は電気に頼らなくても、自然の光で過ごすことができます。

人は、直接、人口的な光に照らされ続けると、落ち着かない気持ちになると言われます。一般的に、照明器具の光は、空間を照らすことだけを目的にしていることが多いのです。オーガニックハウスでは、フランク・ロイド・ライトの建築と同様に、住む人がいかに落ち着いて暮らせるかを考えて、照明の光を上手に扱っています。

明るく大きな照明が部屋の真ん中の天井部分にドンと据えてあると、部屋全体が、一つの単調な場所になってしまいます。ですので、基本的には、天井に直付けする照明器具は極力やめて、間接照明を使って天井を照らす方法を取ります。照明空間は、なるべく灯りの数を減らし、重心を低くするようにします。

照明の光と自然光を上手に扱う（口絵参照）

間接照明を家具の下に仕掛けたり、天井を照明の反射板としてうまく使ったり、フロアスタンドなどを取り入れたりするのです。

すると、照明の明かりが、床や壁、天井の空間をやさしく照らし、柔らかい光と影が生まれます。まるでレストランかホテルで寛いでいるかのように、落ち着いた居心地の良い空間にすることができます。

○オリジナルの造り付け家具を賢く使う

オーガニックハウスは、建築と同時に家具もオリジナルで設計することができます。ヒューマンスケール、つまり人の大きさを考え、それに合わせた家具とともに家全体をデザインする住宅です。造り付けの家具は、その空間をより魅力的なものにするために考え抜かれ、そこから動かす必要のないようにあらかじめ設計されています。シンプルで飽きのこない、そこで暮らす人に寄り添う家具と部屋のデザインとが一体となって、住み心地の良い空間をつくりあげているのです。

人の動きをも計算した基本設計により扱いやすく、住まいに表情を与える家具。その家にふさわしい大きさと配置で設計され、住んだ後でも動かす必要のない、長く飽きない家具。これらは、ライトが唱えた「機能と形態は同じ」という考えに基づいたものです。

小さな家でより快適に過ごしたかったら、私はなるべく家具を置かないほうが良いと考えています。置き家具では、どうしても無駄なスペースができてしまいます。あらかじめ家の設計と同時に設置する造り付け家具であれば、その家にちょうどいい寸法でつくれます。スペースの無駄を省き、効率的な収納まで考えることができます。

造り付け家具を配置するメリットは、家をコンパクトにできることだけでなく、デッドスペースを減らし、表面の仕上げ材料も減らすことで、家のローコスト化が実現できることです。

また、置き家具も上手に使いこなすことで、

オリジナル家具と間接照明（口絵参照）

何倍もの価値を生み出します。壁で仕切る代わりに家具で空間を仕切れば、必要がなくなったときに取り除くことができるだけでなく、壁として用いた家具を収納スペースとして活用することもできます。

オーガニックハウスこそ低コストで快適な家

趣味やこだわりの家を考えた場合、建物の中をスケルトンにしてしまうことも一つの方法です。具体的には、間仕切り壁はトイレ、脱衣所、浴室だけに用いて、あとはすべてをフリースペースにするのです。その時の趣味や嗜好に応じて、家具や間仕切りで、部屋の間取りを自由に変化させるといったことが可能になります。そうすれば、かなり低コストで家を建てることができます。

これは新築時には最低限のものがあればいいというニーズで、お客さまの趣味や家族構成の変化に合わせて、徐々に住まいを変化させていく場合に有効な考え方です。

子どもができたことが、家を建てるきっかけになる人は多いので、子育て住宅のちょっとした工夫についてもお話しましょう。

たとえば子ども部屋などは、収納もなくしたガランドウでも良いのかもしれません。もしかするとその部屋を使うのは、中学校、高校に通う6年間だけかもしれないのです。取り外しのできる収納にすれば効率的です。

私は、あえて子ども部屋のクローゼット収納の扉をつけないことをオススメしています。扉を閉めて隠すから中がごたごたして、整理整頓ができないのです。いつも見える状態にしておくことで、教育上も、子どもに綺麗に収納させる癖をつけることができます。何より、扉が無いことで原価を下げることできます。

最近では、ママ目線の家とか子育て目線の家とか、住宅メーカーもあの手この手で、いろいろと家を買わせるための売り方を工夫して出してきています。

「これ、かわいいね」や、「これ、うちの子にいいね」といったものに惑わされるのではなく、先々のことまでよくよく考えて家づくりをしてください。

年齢と共に趣味も変わります。子育てスタイルも変わります。もっと言えば、子育ては、あっという間に終わってしまうものです。子育てママが望むかわいい家も良いですが、子どもたちが巣立ち、その後の長い夫婦の生活までも見据えて考えてみることも必要です

余談ですが、最近ではお客さまの趣味やニーズも多様化してきたなかで、より強くママ

をターゲットにした商品や趣味、健康（病気が治る）といった商品も出てきています。シックハウス症候群が叫ばれた時代から、24時間換気や自然素材、無添加といったキーワードでお客さまの目を引いてきましたが、そのキーワードに踊らされるのではなく、その住まいをつくることによって、どのような豊かな暮らしを続けていけるかが重要です。自然素材や無添加ももちろん良いのですが、現在の使用材料は普通建材でも十分です。むしろ、人の弱みに付け込んで病気が治るといった家を売っている会社（使う水と土が特別なものだと謳って家をつくる詐欺など）には十分注意してください。

「オーガニックハウス」は、「世代を超えて住み継がれる家」ということにこだわっている住宅です。そのコンセプトは、いつでもその暮らし方において、変わらないものは変わらない。しかし、替えられるものは替えていけるといったものです。基本的な部分、普遍的なことについて理解しているかどうかが重要になってきます。

使っているものではなく、豊かな暮らしができる空間をつくることが大事――この考え方の本質を知らない人方が多いのです。子育てママも暮らしやすく、パパの趣味も大切にでき、病気にもならない家を〝有機的建築〟の思想でつくればいいと私は考えています。

10年で寿命のくる家をつくるのであれば、あまり深く考えなくても良いのです。ところが、30年から60年（今なら100年だって可能です）先まで快適に暮らすことのできる家を考えた場合は、ホンモノのプロの意見をよく聞く必要があると思います。

ここまで述べてきたように、フランク・ロイド・ライトが提唱した〝有機的建築〟とは、決まった形やデザインのことを指すのではありません。その家に住む人の価値観をどのように取り込んで、いかに住み心地の良い空間をつくりだすかという、概念そのものです。「オーガニックハウス」は、この〝有機的建築〟の哲学をうまく実現できる住宅だからこそ、長く快適に住み続けられるのです。

ところで、あなたは「オーガニックハウスのことをもっと知りたいけれど、値段も高くなってしまうのでは？」と思われたかもしれませんね。じつは、私の推奨しているオーガニックハウスのコンセプトは、家づくりの低コスト化にも結びつくものです。

この章の終わりに、ちょっとお金の話をしましょう。

家を建てるとき、よく、坪単価がいくら（床面積3・3平方メートルあたりの単価）という表現をしますよね。おおよそ、ローコストメーカーで40万円以上、一般の工務店では

50万円以上、大手のハウスメーカーで70万円以上ぐらいが相場です。

この値段の根拠は、単純に建設費〔材料費＋労務費＋経費＋利益〕の合計を床面積で割り算したものです（注：この床面積が各社ともバラバラなので確認しなければなりません）。ところが、ライトの哲学を知ると、建物の値段（価値）というものは、空間の値段がいくらということになります。お金のかからない家をつくるということは、お金のかからない空間をつくるということなのです。ここにポイントがあります。

空気の値段はどのメーカーでも同じですよね。では、何が違うのか？　突き詰めて行くと、空間を構成するモノの値段に差があるということに、気がつかれるのではないでしょうか？　これが理解できれば、お金のかからない家づくりの8割は完成したことになります。

私はこれを理解し、お客さまの要望に合わせて提案をすることができるので、結果的に低コストで住み心地の良い家を建てることができるのです。そのようにしてお客さまからの信頼を勝ち得たといえます。残りの2割はどうするのでしょう？　ここは、ランニングコスト〔生涯払い続けるローン〕を上手にコントロールすることで決まってきます。

これが、私が提案したい完璧な家づくりのコツなのです。

総工費 1,000 万円台で建てた！
憧れのオーガニックハウス・実例パースを紹介

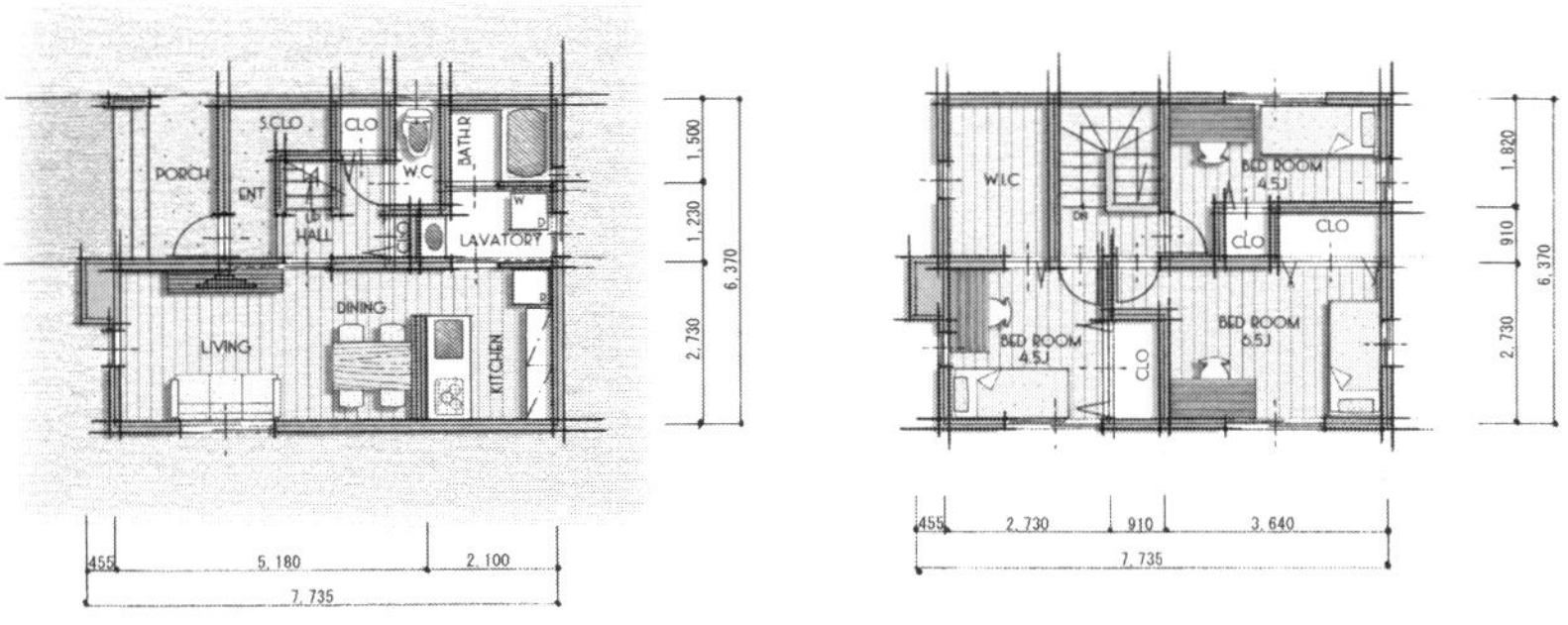

住み心地のよい空間を生み出すオーガニックハウスは、長く快適に住み続けられる家としてこれからますます評判となっていくでしょう──現在、とくに注目されているのは1000万円台で建てられる低コストのオーガニックハウスです。参考までにいくつかパースを挙げておきます。

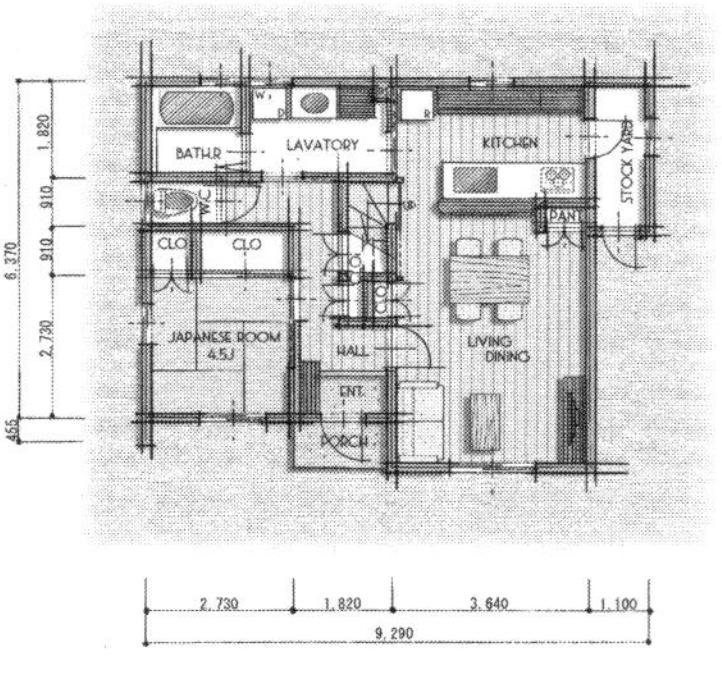
BATH.R
LAVATORY
KITCHEN
STOCK YARD
W.C
CLO
CLO
PANT
JAPANESE ROOM
4.5J
HALL
LIVING
DINING
ENT.
PORCH
1,820
910
910
2,730
6,370
455
2,730
1,820
3,640
1,100
9,290

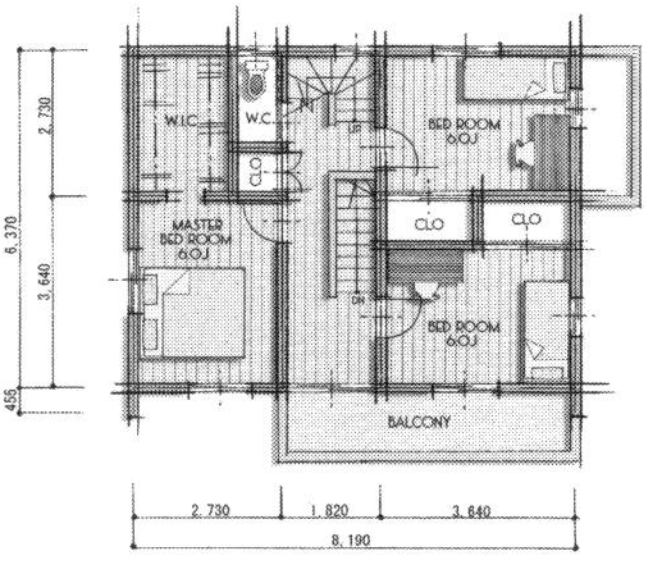
W.I.C
W.C.
BED ROOM
6.0J
CLO
MASTER
BED ROOM
6.0J
CLO
CLO
BED ROOM
6.0J
BALCONY
2,730
6,370
3,640
455
2,730
1,820
3,640
8,190

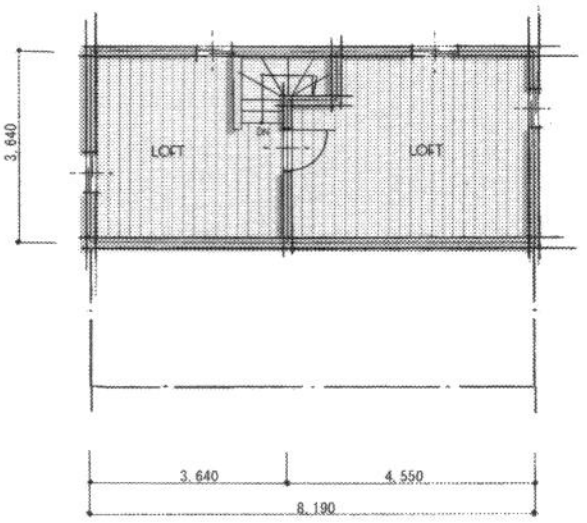
LOFT
LOFT
3,640
3,640
4,550
8,190

第4章

満足する
家づくりのための
賢い工務店の選び方

家をつくるとき
どこに頼めば良いの？

「家を建てよう」となったとき、多くの人は、「どこに頼めばいいのかわからない」という問題と直面するでしょう。

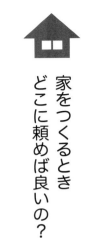

建築会社は、大きく分けると次の４つに分類されます。

・大手ハウスメーカー
・パワービルダー（全国展開の工務店）
・地域の工務店
・設計事務所

かつては、知名度や信用度の高い大手ハウスメーカーで、夢のマイホームを建てることに憧れのある時代がありました。高度経済成長とともに、そのような会社が次々とプレハブ住宅を売り出し、工場でつくられた建築部材をそのまま現地で組み立てる画期的な工法の家が、日本中に普及していきました。日本の住宅建築のほとんどのシェアを大手ハウスメーカーが占めるようになったのです。

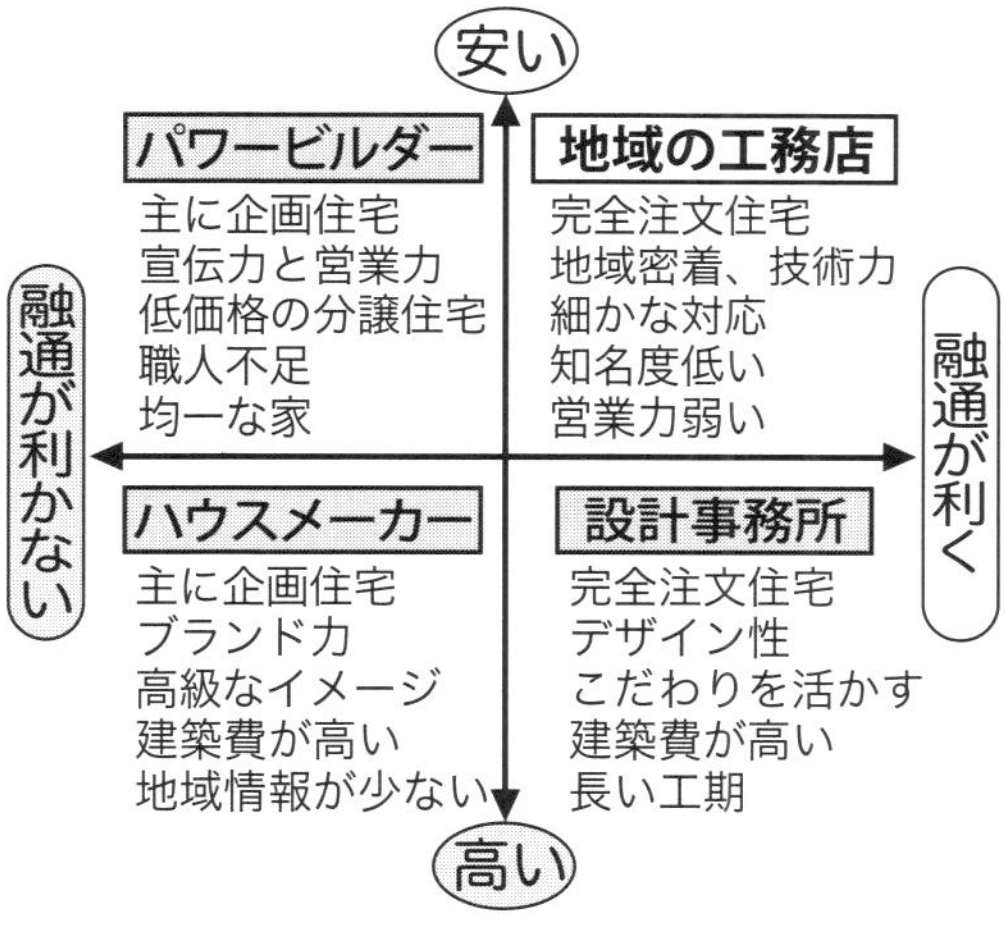

４つに分けた建設会社のメリットとデメリット

それから40年あまり、景気が下降の一途をたどるなかで、住宅をめぐる状況もまた、大きく変わってきています。

年間約１６０万戸をキープしていた日本の年間住宅建築数は、リーマンショック後、80万戸ほどにまで急落しています。また、長引く不況の影響で、人々の価値観は、「無駄遣いをしない」「贅沢をしない」というものに変化しています。住宅も、低価格、少数受注の時代に突入しているのです。

大手ハウスメーカーは、高性能、高機能、ハイファッションを売りにしており、モデルハウスの運営やテレビCMなどの広告宣伝費にも、莫大な金額を費やしています。それらの経費は、当然ながら商品に上乗せされているわけです。

一方、消費者も賢くなり、商品は百貨店や小売店でチェックし、実際の買い物は、インターネットで最安値のお店を探して購入するという人が増えています。同じように、住宅展示場やモデルハウスに足を運びながら、実際に家を建てるときには、そのメーカーではない別の業者に発注するという人が増えているようです。確実に大手ハウスメーカーからの顧客離れが進んでいます。

つまり、高価格、大量販売を前提とした、大手ハウスメーカーのビジネスモデルは通用しなくなってきている現状があるのです。一部のメーカーを除いて、状況はかなり厳しいものとなっていると言えます。

住宅の価格のうち、大手ハウスメーカーの場合、おおよそ5割が原価（材料費＋職人さんの手間賃）と言われています。残りの5割から、さまざまな経費や人件費を引いた額が利益です。しかし、このまま新築の住宅建築数が減少し厳しい状況が続けば、原価の割合をさらに抑える方向にいかざるを得ないのではないでしょうか？

このような流れのなかで、昨今、パワービルダーと呼ばれる住宅会社が台頭してきているのはご存知でしょうか？

地方の工務店だった会社が大きくなり、全国展開している業態をパワービルダーと呼びます。オリジナルの建材を使用する大手ハウスメーカーと違い、パワービルダーは市販の部材を使っているので、開発費などがかかりません。市販品を大量に仕入れるので原価が抑えられます。また、人件費も、大手メーカーよりもさらに安い金額に抑える仕組みができています。

その分、デザイン性や高級感という意味では、大手のハウスメーカーと比べると劣ります。それでも、パワービルダーで家を建てる人が増えているのは、「安く手に入るなら、お洒落じゃなくてもいい」と、実を取るお客さまが増えているということです。なにせ、同じ大きさ、同じ質の家で比べた場合、数百万円から1千万円くらい価格が違ってくるのですから。

ちなみに、設計事務所にお願いをしたとしても、実際に家を建ててくれるのは、地域の工務店になりますので（大手ハウスメーカーの場合も、実質的には提携している地域の工務店が施工しています）、ここではいったん省きます。

末長く満足できる家をつくるなら地域の工務店が一番

住宅業界の現状をお話してきました。ここまで読むと、

「では、パワービルダーにお願いするのが一番いいのかしら」と思う人もいらっしゃるでしょう。果たして、本当にそうでしょうか？

いえいえ、そんなことはありません。より安価で、さらに質の高い家を建てることのできる方法があります。

それは、地域の工務店にお願いすることです。

本当にあなたと家族の望みにフィットした、一生満足できる家をつくろうと思うなら、地域密着型の信頼できる工務店と、じっくり時間をかけてつくりあげるのが一番です。

パワービルダーは、確かに大手ハウスメーカーと比べれば安価ですが、それは大量生産が前提の話です。安さを追求するためには効率も求められます。すでにある程度用意され

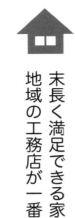

た選択肢の中から選ぶことで、価格が抑えられるのです。

「親との同居を考えて、介護がしやすいユニバーサルデザインにしたい」

「ペットのための設備をいろいろ整えたい」

「子どもが成長した後は、ガラリと間取りを変えたい」

あなたや家族の「こうしたい」という要望を細やかに実現してくれるのは、大量生産ではなく、一軒一軒オーダーメイドで、腕の良い職人さんが家をつくってくれる、昔からその土地に根付いた工務店なのです。

そもそも工務店とは、大工や左官、タイル・レンガ、サッシ、内装など、家づくりに必要なそれぞれの工程の職人、専門業者を束ねて、建築工事を請け負う会社のことです。社長が職人を兼ねているところも多く、専任の設計士を置いているところもあります。つまり、建築現場のプロ集団です。そういった家づくりのプロが、職人技を駆使し、心を込めて家をつくってくれるのが、地域密着型の工務店というわけです。

大手ハウスメーカーやパワービルダーの家づくりには、職人さんの出る幕がほとんどありません。基本的には、自社工場で作られた建材を運んできて、現場で組み立てる作業が中心だからです。あっという間に出来上がります。流れ作業でスピードが速いので効率は良いのですが、その分、職人技を発揮できる場がないので、どうしてもモチベーションは下がってしまうでしょう。職人のやりがい、仕事の質が変わってくるのは、仕方のないことだと思います。

さらには、地域の工務店には、モデルハウスの維持費や広告宣伝費、開発費などの経費がかかりません。職人を直接雇うことで、中間マージンもほぼありません。原価率で言えば、割合はおおよそ7割くらいでしょうか。大手と比べればかなり抑えた金額で、しかも臨機応変な家づくりが叶うのです。

地域の工務店で家をつくるメリットを挙げたらきりがないほどあります。

- **大手ハウスメーカーと比べると、格段に値段が安い**
- **設計の自由度が高く、多種多様なニーズに応えてくれる**
- **変形した土地、狭小な土地でも問題がない**
- **その土地の地形や風土、気候を知り尽くしている**
- **家づくりの経験と技、心意気を持った職人に魂を込めて建ててもらえる**

・社長や営業マンも家づくりの現場を知っているプロである

・メンテナンスなどもすぐにお願いでき、一生続くお付き合いができる

などなど。

地域の工務店といってもさまざまですから、確かな知識と技術、そして何よりも「お客さまのために」というしっかりとした方針を持っている、良い会社を見つけることが大事なのはもちろんです。

信頼してくれた人のために精一杯良い家をつくりたい

第1章から第3章まで、家をつくるときに考えるべきこと、注意するべき落とし穴、これまでとは違う視点から考える家づくりのヒントなどについて、お伝えしてきました。

あなたの大切な一生のパートナーとなるのが家です。あなたと家族の夢を叶えてくれる、人生を豊かに彩ってくれるのが家なのです。であれば、その大切な家をつくってもらう会社も、あなたのパートナーであると言っても過言ではないですよね。あなたと家族の人生を委ねる相手なのですから、慎重に選ぶべきでしょう。

ここからは、実際に家を建ててくれる会社を、どのように選んだら良いのかということをお話したいと思います。

まず最初にお伝えしたいのは、末永くお付き合いのできる会社を、早い段階で決めることが大切ということです。

それはなぜか？

家をつくる前に、細かい要望を聞いてもらうのはもちろん必要なことですが、家は、住んでからがさらに重要だからです。住んでからも長く付き合える会社と一緒に、じっくり相談に乗ってもらいながら家をつくっていく、話を詰めていくのが一番良いのです。

つまり、信頼関係を早い段階で築くことが重要ということです。

正直にお金のことまで、腹を割って話ができるかどうか？「3、4社から見積もりを取って、少しでも安い会社に頼もう」と考える人もいます。それで、最終的に損をするのはお客さまかもしれません。

信頼していただき、正直にお金のことも含めた状況、要望まで話してくれたほうが、その人のために、プロとして、

「精一杯、喜んでもらえる家づくりをしよう」

「3倍長く住める良い家をつくってあげたい」と、正直思うものです。

家は、一生かけてする買物。もっとも大切なことは何か？という視点を持って考えたいですよね。

家づくりを任せる人とは一生のお付き合いになる

この会社にお願いして家を建てると決めたときから、その会社との一生の付き合いが始まることを忘れないでください。

家自体が何年保証かを気にする人が、最近増えていますが、そもそも建ててくれた会社が、末永く存続していてくれなければ意味がありません。

そして、将来、家族構成や生活、家に対する要望が変わったとき、何かトラブルがあったときにも、しっかり対応してもらえる会社なのかどうか？　これは必ず確認するべきことです。

信頼できる会社を見極めるポイントの一つは、会社の存続年数です。最低でも、10年以上経っていれば、行き当たりばったりではない会社ということがわかります。

というのも、日本の会社は、起業して10年以内には9割以上が消えてなくなってしまうのです。30年続く会社は、わずか0・025パーセント。会社が30年以上存続できるというのは奇跡に近いわけです。つまり、会社の存続年数というのは、その会社が大きな信頼を得ているかどうかのバロメーターになるのです。長ければ長いほど、それだけ人々からの信頼が厚い会社という証になるわけです。

たとえば、モデルハウスが営業の場所となっている場合、そこは間借りしている場所がいつなくなってしまうかわかりません。極端な話、簡単に撤退してしまう可能性もあります。経営基盤がしっかりしていない会社は、倒産のリスクもあります。また、社長が営業が上手で、独立するケースというのもありますが、その場合、10年後、20年後に会社を売っぱらって終わりということもあるのです。

何年存続しているかということと同時に、

「この会社は、30年後、40年後も存続しているだろうか？」

そういう観点で見る目もとても大切です。

・この会社は何年続いているか？

・あと何年続くだろうか？

・この営業担当者は、何年ここにいるのか？

・アフターフォローは万全か?
・困ったときにすぐ対応してくれるか?

会社の経営者と話をする機会があるのであれば、後継者のことをどのように考えているのかを伺ってみてもいいでしょう。そこで社長の人柄もわかるはずです。さらには担当者に、将来の展望も聞けたらいいですね。社長の人柄や、社員の考えていることなどは、その会社がどういう会社か、今後どうなっていくかということを知るのに、役立つ情報です。また、サポート体制はどうなっているのか? アフターフォローのことなども、会社にしっかり確認しましょう。

その上で、納得できる答えが得られた会社を選んでください。何度も会っていろいろ話をするのは、お互いの労力を使うということ。信頼関係を構築しようとしている会社は、そういう労力を厭わずに、質問に真摯に答えてくれるはずです。突っ込んだコミュニケーションを取ろうとしたときの対応を見てください。信頼を構築できる相手なのかどうか?ただし、お客さまも見られていることをお忘れなく。駆け引きをしようとしているお客さまのことはすぐにわかります。真摯に対応するべき人なのか、そうではないのか? どのような態度を取るか次第で、親身になってもらえるか、本当に重要な情報を教えてもらえるかどうかも変わってくる可能性があります。そうすると、せっかくの機会、貴重な時間を失ってしまうことにもなりかねません。そこはお互いさまということです。

私は、お客さまから会社の将来について聞かれたら、こう答えています。

「30年後40年後、私は生きていないかもしれませんが、社長となる後継者は育てています。その先の信頼できるスタッフもいます。お客さまとの一生のお付き合いを大切にしているので、会社が存続するよう努力を重ねています。すでに50年存続しているという歴史が物語っています。数十年先も必ず存続していますよ」と。

家づくりの満足度を左右するのは現場監督

私は、36年間、建築の現場で監督を勤めてきました。正直に言って、家づくりは、現場監督の力量によってかなり出来栄えが違ってきます。もちろん、設計の良し悪しや現場の職人である大工さんの腕も重要ですが。

現場主義で鍛え上げられた実績がある会社、現場のノウハウに裏付けられた施工技術の高い建築会社を選択することが大切なのです。優良工務店であれば、必ず、会社に現場監督がいて、自社の職人を使って責任を持って施工してくれます。

ただし、現場監督にもピンからキリまでいます。残念ながら、同じ資格を持っていたとしても、経験の差、鍛えられ方の差で大きく違ってきます。

私の知っている人で、前職は大手ハウスメーカーの内装工事の現場監督がいました。一級建築施工管理技士の資格を取ったことを機に、スキルアップのためにある住宅会社に転職をしたのですが、その建築現場では彼のスキルは通用せず、結局、さらに別の住宅メーカーへ転職しています。大手のハウスメーカーこそ、スキルの差、当たり外れは覚悟した方がいいでしょう。

また、ハウスメーカーによっては、現場監督や職人を他業者に丸投げしているところも多いのです。とくに棟数をこなしているメーカーはそうです。この場合も、どうしても当たり外れが出てきます。

自社で直接施工することができる、つまり、家づくりに関するすべてのことを丸ごと任せることができる、地元の工務店にお願いするのが一番というのは、施主と会社と現場監督、そして実際に手を動かしてくれる職人が近い関係にあるからです。スキルについても信頼できる人でなければ生き残れません。密にコミュニケーションを取り、連携もしやすいので、何かあったときにもすぐに対応が可能です。だからこそ、あなたの要望通りの満足のいく家を、無駄なコストをかけずに安くつくることができるのです。

また、地域の工務店は、私のように現場監督が社長も兼ねているケースも多いのですが、これは、家のメンテナンスという意味でも心強いはずです。

窓口である担当者が営業マンであることがほとんどの大手メーカーの場合、数年もすれば転勤などで担当者が代わってしまいます。担当者がどんどん代わってしまうと、その会社との関係性もどうしても希薄になっていってしまいます。そして営業マンは、新規物件を何棟建てられるかがつねに問われる人たちです。そちらに、より注力するのは仕方のないことです。

一方、施工エリアがほぼ決まっていて、それほど無理をする必要のない地元の工務店は、数よりも「良い家をつくる」ことに重きを置いています。そして、すでにお付き合いのある施主との関係性を大切にします。一度でも、「あの会社は最悪だ」と悪い評判が立ってしまったら、地元で商売を続けていくことができないからです。

ですから、家を引き渡した後のメンテナンスにも力を入れているはずです。家を建ててくれた現場監督に、その後もずっとメンテナンスを担当してもらえる安心感は、何ものにも代えられないでしょう。アフターサービスだけを比べてみても、地域の工務店の方が信頼性は高いのです。地域の工務店の利点と言えるでしょうね。

アフターサービスの話をもう少しすると、住宅保証には30年、50年といったものがあります。多くは、途中でメンテナンスをすることが契約の中に含まれています。この費用が意外とかかることはご存知ででしょうか？　とはいえ、メンテナンスをお願いしないと、保証が切れてしまう場合もあります。

メンテナンスの費用にしても、建材の費用にしても、購買研究をし、なるべくメーカーに近いところで購入できるかどうかで金額が変わってきます。流通コストをどれだけ下げられるかということです。

多くの人が建てているから、大手メーカーの方が安心だし、おトクと思っているかもしれませんが、長い目で見たときにトータルで必要になってくる費用のことも考えなければなりません。そういったことも、経験豊富な現場監督とつながっていれば、安心して相談できます。

実際、25年以上も前の、まだ私が20代の頃に現場監督で住宅を施工したお客さまから、いまだに直接電話がかかってくることがあります。また、大手のハウスメーカーで建てた家のリフォームを相談され、結局、工事まで請け負うということもよくあります。すでに倒産してしまったメーカーもなかにはありますが、テレビＣＭなどでよく見かける会社もたくさんあります。その理由は言わずもがなです。

建築会社を選ぶとき、名の知れた大手ハウスメーカーだから安心ということは、ほとんどないということをわかっていただけたでしょうか？

むしろ、地元に根付き、地域の環境がよくわかっていて、地域との信頼関係を大切にしている工務店を選ぶことが、賢い家づくりの第一歩なのです。

そのような工務店こそ、職人の技と心意気で、お客さま本位の家づくりをしてくれます。メンテナンスやリフォームにも丁寧に対応してくれるので、末永く満足のいく家に住み続けることができるのです。

先ほど、工務店の社長と話してみてくださいと言いましたが、現場監督ともぜひ、話をする機会を設けてください。一番現場のことがわかっている人です。その人がどういう人なのか？　信頼できる人なのか？　頼もしいパートナーとなってもらえそうか？　良い工務店かどうかを見極めるのに、もっとも適した方法かもしれません。

どのように良い会社、悪い会社を見極める？

もう一度ここで、良い会社、悪い会社の見極め方のおさらいをしましょう。

建設業登録をしているのは当然のことですが、なかには、それがないブローカーのような業者も存在します。そういう会社は安さだけでお客さまの気を引きます。要注意です。

悪い住宅会社を見極めるポイントを以下に挙げます。目の前の会社が該当しないかどうか、最低限これらのことは、必ずチェックするようにしてください。

・跡継ぎ体制が無い

10年後、20年後の目標等が不明な会社は危ういです。いざとなれば倒産の危険性があります。

・セールストークが上手

売るためのノウハウに長《た》けているので、営業マンの口車に乗せられないように注意してください。こういう人は、その場を取り繕うのも上手です。「うん？」と疑問に思ったら、他の人にも意見を聞くことです。自分は素人だからといって、相手の言うことを鵜呑みにしてはいけませんよ。

・設計事務所の建築士（建設業許可無し）が、業者を直接施主に紹介し、バックマージンをとって監理料にしているというケース

その理屈は、工務店経費は無駄という論理です。しかし、建築士はいざという時に責任を取ることはできません。何か問題があったときの保証などを考えると、これもとても不安な状況です。万が一、逃げられてしまっても文句は言えません。

・とにかく金儲けが優先

はじめの見積もりでは安く見せるケースがあります。この場合、追加工事がとても高かったり、素人にはわからないところで利益を確保していることがあるのです。

・他社の悪口を言う

こういう会社は、自分の会社のメリットだけを伝えます。詐欺まがいの悪徳な会社は別として、どんなものにもメリットもデメリットもあるものです。その両方を伝えて、その

中でどちらを選ぶべきかの判断材料を、より多く与えてくれるのが良い会社だと思います。

・アフターフォローについて不明確

何と言っても、家は一生かけてする買い物です。建てるときよりもそのあとの方がより重要なのはご説明してきました。きちんとした体制があるかどうかは必ず確認しましょう。

・無理にでも住宅ローンを組ませる

お金は払えるだけ払わせたいと思っている会社もあります。借りれるだけ借りさせる。つまり、住宅ローンさえ通ってしまえば、あとは知らないというところもあるのです。万が一、お客さまの支払いが滞ってしまっても、第２章でお伝えしたように、建築会社は痛くも痒くもないからです。

「ここなら簡単にローンが組めますよ」と言う人も怪しいと思ってください。住宅ローン会社と結託している場合もあります。

さらには、建築予定地の価値をきちんと把握している地元の金融機関とよく相談して、適正な価格で土地を購入することが大事です。将来のことも見通してしっかり計画を立てていくことが、一生涯の安心を得られる方法です。価値のないものを高い値段で買わされてはいけません。

あなたが購入しようとしている土地は、第三者が認める価値が担保されたものですか？

いざというときに困らないように、ここは、とことん調べてください。十分納得のいくものと契約を交わしてください。

こんな会社なら信頼しても大丈夫

どのような会社だったら信頼しても良いかどうか、ポイントは以下になります。

・その土地で長年にわたり営業を続けている

最低10年以上は必要です。たとえばローンを組むときは、30年35年の長期ローンを組むことになります。30年以上続いている会社は、信用もあり安心です。何度もお伝えしている通り、家は住んでからが大事なのです。建ててくれた会社がなくなってしまったらどう思いますか？　さらには、後継者がいるかどうかも大事なポイントです。

・現場の雰囲気が良い

必ず現場を確認してください。整理整頓は当たり前ですが、そこで働く職人のモチベーション次第で、できあがる建物はぜんぜん変わってくるのです。生き生きと働いているかどうかぜひ、チェックしましょう。

・社長や現場を管理する監督が信頼できる人である

社長や現場監督とも、ぜひ話をしてみてください。社長の人柄はその会社の風土を表しています。そして、現場を仕切っている人の人柄、信頼度は、そのまま現場の士気に影響します。あなたの家の完成度を計るバロメーターになるはずです。

・情報を隠さずしっかり伝えてくれる

自分の会社で施工する工法などのメリット、デメリットをきちんと伝えてくれるかどうかを見ます。工法によってもちろん金額も変わるので、しっかりチェックしなければなりません。追加工事のことも最初からお話してくれるかどうかです。お金に関わってくることなので、これは必ず事前に伝えるべき情報だからです。

・アフターフォローがしっかりしている

たとえば連絡してからどのくらいの時間で対応してもらえるかなどを確認したとき、曖昧な答えではなく、しっかりした目安を答えてくれるかどうかをチェックしてください。

・きちんとブレーキもかけてくれる

お金（生活）のことも考えて、場合によっては、「それは必要ないでしょう」「それは難しいのでは？」ときちんとブレーキもかけてくれる会社は信頼できます。家は本当に、一生の大きな買い物です。人によっては、お金の感覚が麻痺してしまいやすいです。第２章でお伝えしましたが、借りられるお金と返せるお金は違うことを肝に命じておきましょう。

・つねに最新情報をキャッチし、日々進化している

目の前にいる営業マンは、勉強熱心な人ですか？　つねに最新情報を入手し、フィードバックしてくれる会社を選びましょう。これは、長い目で見ると大きな差になってきます。

・答えを出すのに若干時間がかかる

一見すると悪い条件のように感じるかもしれませんが、これも良い会社を見極めるポイントになります。お客さまの悩みや要望に真摯に応えようとすると、より良い情報や方法を調べたり、確認するのに手間がかかる場合もあります。

その場で取り繕ったり、知ったかぶりをされたりするほうがよっぽどマイナスです。相手が適当に流そうとしているのか？　誠実に対応してくれようとしているのか？　それはよく観察すればわかることです。本質を見極めることが大事です。

・営業マンにも知識と技術力がある

営業スマイルと巧みな話術に騙されていませんか？「騙されていますね」と言うと、

お客さまはだいだい怒りますが、そういう人にたくさんいます。

じつは、大手のハウスメーカーで家を買うほうが合っているお客さまもいます。それは、あまりにも時間がない人です。家づくりに時間を割けていられない。それよりも大事なものがあるという人。とりあえず家が建ち、問題がなければそれでいいといった人は、パパッと家が建つハウスメーカーはオススメです。そういう人は、ある意味お金にも困っていないでしょう。時＝お金ですから、家づくりの時間より、稼ぐ時間を大事にしたいという人もいらっしゃいますよね。

そうではなくて、「私は普通に働いている一般人です」という人は、じっくり時間をかけて良い家をつくることが最善だと思います。良い建築業者をみつけて、満足度の高い家を建て、家族に喜ばれてください。それを友人にも自慢してください。

どうか安易にハウスメーカーで買わないでください。自分の目の確かさを誇り、ハウスメーカーで家を建築した友人を驚かせてください。

大手のハウスメーカーで建てても、地元の工務店でも、一見出来上がった家には大差がないように見えます。しかし、よくよく見てみれば、個々のこだわりの違いが歴然としているのがわかると思います。ぜひ、あなたのこだわり、夢を形にしてください。

最後に一番大事なことは、お客さまがその家に長く住めることです。そのためにはどうするのが一番良いのか？　ベストな方法を一緒に考えてくれる。そして、ときにはキツイことを言ってブレーキもかけてくれる。こんな、パートナーとして一緒に歩める会社に頼みましょう。

何か疑問点、知りたいことがあれば、どうぞ私に相談してください。本当に満足できる本物の住まいとは何かをできる限りわかりやすくお伝えします。

一人でも多くの人に、失敗することなく幸せな家づくりをしてほしい。豊かな人生を歩んでほしい。そのために、自分の得てきた知識、技術で役に立ちたいというのが、私の心からの願いですから喜んでお話したいと思います。

おわりに

ここまで読んでいただき、ありがとうございます。

家を建てるときに必ず考えてほしいこと、たくさん待ち構えている落とし穴、どのようなことに注意すれば、それらを回避できるのか――さまざまなことをお伝えしてきました。現場監督出身の私でなければわからない、現場の裏の裏の事情まで、そして自分自身の失敗談なども赤裸々にお話ししてきました。

それもこれも、人さまの住宅をつくるという幸せな仕事に就いた私ですが、その陰で、家づくりに失敗したり、住宅ローンに苦しんだり、たくさんの苦労をされている人々も数多く存在することに気がついたからのことです。

少し私のことをお話させてください。

私は、学校を卒業した後、静岡県の総合建設業社に現場監督として入社しました。ただし、その会社は土木工事が主体でしたので、7年間勤務したのちに退社。その後、建築工事が主体の明工建設株式会社に転職し、現場監督を長年続けてきました。

その間、住宅工事以外にも、マンション建設、商業施設建設、公共工事と幅広く携わり、品質管理、工程管理、原価管理等さまざまな分野において、評価をいただいてきました。近隣の同業他社や設計事務所からも厚い信頼を得られていると思います。

２０１２年に取締役部長に昇格し、常務を経て２０１５年、代表取締役に就任し社長になりました。とはいえ現在でも、経営革新、営業、人材スカウトなどの仕事のかたわら、お客さまへのご提案や工事段取りなどもしています。お客さまから直接の電話にも対応しています。まさに、プレイングマネジャーとして日々、働いています。

最近では各メーカーや代理店の営業マンからも、情報交換のための面談依頼が絶えません。内容は、地盤改良、サッシ、断熱、設備、太陽光発電、蓄電池、耐震、免震、ローン、お金のことなど多岐に渡っています。

一方、私はまだ子育て継続中です。長男は医療系国家資格（理学療法士）を持って働いており、次男は国立大学工学部大学院から第一志望の大手自動車メーカーへの内定が決まり、末っ子の長女は国立大学医学部で学び始めたばかりという３人の子どもたちは、それぞれの夢に向って順調に歩んでいます。

じつは、子ども部屋の作り方にも秘密があるのです。家づくりのプロとして、多少は頭の良い子が育つ家づくりを自ら実践できたのではと自負しています。

私のプライベートをご存知のお客さまから、子育てのことでよくご相談を受けることがあり、子どもの教育のための家づくりとしてアドバイスもさせていただいています。

いつも協力的な妻と2男1女に恵まれ、けっしてお金持ちではありませんが、来年の9月には25年の住宅ローンも完済し、これから多少蓄えもできるのかなと思っています。

このような、あなたとそれほど変わらないような生活を歩んできた私だからこそ、住宅メーカーのプロとしての視点だけでなく、自分の失敗談や、ここは成功できたかもしれないといったことも正直に包み隠さずお話することで、お役に立てるのではないかと考えたのです。

今、社長という立場に立ち、今まで以上に、家づくりの難しさを感じています。そして、マイホームを手に入れた家族が、一生笑顔で暮らしていけるのか？　はたまた、路頭に迷ったり一家離散になったりという悲劇に見舞われてしまうのか？　その分かれ道はちょっとした違いだということを痛感しています。

それは、しっかりとした知識と技術を持ち、何より信頼できる住宅メーカー、担当者と出会えるかどうかということに尽きると思います。

「家は3回建てないと、満足できない」とよく言われますが、そんなことはありません。80年90年持つ家をきちんとした考え方でつくっておけばいいのです。それが、今の時代、通常の家の1・2〜1・3倍くらいかければ叶うのですから、長い目でみて、本当にローコストで長く住める家を建てることは可能なのです。

また、「家を建てる余裕がない」という声もあるかもしれません。何かあったときの救済措置もこの本ではお伝えしました。予防策があることが分かっていれば、安心して家を建てることができます。いえ、もっと言えば、家を建てることが、老後の不安を払拭することにもつながるのです。ただし、知識がないと、方法を選べないので要注意ではあります。

お客さまが長く住み続け、家族とともに最後まで幸せな生活を送ることのできる家。そして、そんなお客さま主体の家を低コストでつくる。一軒でも多くの、このような家づくりのお手伝いをしたい。その一心で、私は長年働いてきました。

そして、プロとしてできる限りのことをしたい、一人でも多くの人に、家を建てて家族と幸せになってほしい。良い住宅メーカーと出会って、一生満足できる低コストの家づくりに役立ててほしい。その思いで、私はこの本を書きました。自分が今持っているすべてのノウハウを本という形にまとめることで、私が施工をお手伝いすることは難しいかもしれない遠方の方にも、読んでいただき、失敗しない家づくりをしていただけたらと思っています。

また本書では、家づくりには正解はないということもお伝えしました。お客さまの要望によって、たとえば、冬暖かいことと夏涼しいことと、どちらを優先するかによっても変わってくるからです。家づくりには、それぞれの家族に合わせた細やかな対応が不可欠です。大量生産による規格、住宅メーカーの都合に合わせるのではなく、お客さま一人ひとりの要望に合わせた家づくりをすることが、お客さまが長く満足してその家で暮らしていくためには大切なことです。

このようにお客さまに寄り添い、お客さまに成り代わってイメージすることが大事だと私は思っているのです。

お金のかからない家をつくるということは、家を買ったことによって後々苦しまないということです。家は家族を守るものでなくてはいけません。幸せや安らぎを感じる空間でなければいけません。時には泣いたり、時には笑ったり、家族の絆や暮らし方が変わってきても、その家に暮らしているときだけは、心地よさ、守られている安心感を感じてください。

家づくりは、平均点でつくるのか、こだわってつくるのかによっても、お金のかけ方が違ってきます。あなたの本当の想いを実現させてください。結局あなたが建てたその家には、あなた自身が暮らしていくのですから。誰よりも、あなたとあなたの家族がどうしたいかということです。

ここで大事なことは、豊かな暮らしができる家をつくることです。私は、フランク・ロイド・ライトが提唱する〝有機的建築〟を、そして、その哲学に基づいて建てられている「オーガニックハウス」を提案しています。

世代を超えて住み継がれる住まい、趣味が変わっても対応でき、おじいちゃんおばあちゃんになっても住みやすい空間で長生きできる家、いつまでも飽きの来ない、住む人が心からくつろげる家が、結局は素晴らしいと思いませんか？

そのためにも私の話をしっかり読んで、家づくりについての疑問、質問があれば、ご連絡ください。とことんお答えするつもりでおります。

今回は私にとって初めての書籍出版ですが、これからも、お客さまのメリットになる情報をどんどん紹介するべく、執筆活動を継続していきたいと考えています。

ぜひ、家を建てる前に、この本を読んで、後悔のない〝一生に一度の買い物〟をしていただけることを願っております。

著者

著者プロフィール
仁藤 衛（にとう まもる）

1963 年静岡生まれ。静岡県立島田工業高等学校建築科卒業後、地元の総合建設業社を経て明工建設株式会社に入社。一貫して現場監督を続けながら住宅、マンション建設、商業施設建設、公共工事と幅広く対応し、品質管理、工程管理、原価管理のスペシャリストとして近隣の同業他社や設計事務所からの信頼は厚く、その広汎な知識や情報の教授を願うメーカーや同業者の相談は後を絶たない。

2015 年、同社代表取締役に就任。現在は、会社経営の重責をこなしながらも、お客様へのご提案や工事段取りなどには直接対応してお客様第一主義を貫いている。一方、学力優秀な 2 男 1 女を育て上げた経験から「住まいと子育て」というテーマでの相談も数多く受けている。

オーガニックで豊かな暮らしの家づくり推進協議会会長。

明工建設株式会社代表取締役。

明工建設株式会社一級建築士事務所・管理建築士。

主な資格は一級建築士、一級建築施工管理技士、一級土木施工管理技士、ハウジングライフ（住生活）プランナー、下水道排水設備工事責任技術者、住宅断熱施工技術者、静岡県耐震診断補強相談士、静岡県地震被災建築物応急危険度判定士。

明工建設株式会社 HP　http://www.meiko-gr.jp/

編集協力：矢本祥子
カバーデザイン：オセロ

知《し》らなきゃ損《そん》！ 建《た》てる前《まえ》に必《かなら》ず読《よ》む本《ほん》

2017 年 8 月 15 日　初版第 1 刷発行
著　者　仁藤衛
発行者　鎌田順雄
発行所　知道出版
〒 101-0051 東京都千代田区神田神保町 1-7-3 三光堂ビル 4F
TEL 03-5282-3185 FAX 03-5282-3186
http://www.chido.co.jp
印　刷　シナノ印刷

ISBN978-4-88664-303-2